AF275147

COLEX

# Disfrute gratuitamente **DURANTE UN AÑO** del eBook de esta obra

⊘ Acceda a la página web de la editorial **www.colex.es**

⊘ Identifíquese con su usuario y contraseña. En caso de no disponer de una cuenta regístrese.

⊘ Acceda en el menú de usuario a la pestaña «Mis códigos» e introduzca el que aparece a continuación:

RASCAR PARA VISUALIZAR EL CÓDIGO

⊘ Una vez se valide el código, aparecerá una ventana de confirmación y su eBook estará disponible **durante 1 año desde su activación** en la pestaña «Mis libros» en el menú de usuario.

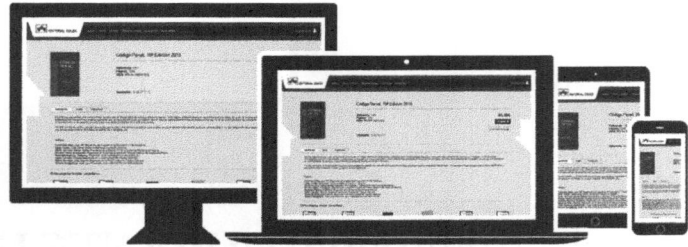

## ¡Gracias por confiar en Colex!

La obra que acaba de adquirir incluye de forma gratuita la versión electrónica. Acceda a nuestra página web para aprovechar todas las funcionalidades de las que dispone en nuestro lector.

# Funcionalidades eBook

**Acceso desde cualquier dispositivo**

**Idéntica visualización a la edición de papel**

**Navegación intuitiva**

**Tamaño del texto adaptable**

Puede descargar la APP "Editorial Colex" para acceder a sus libros y a todos los códigos básicos actualizados.

Síguenos en:

# NUEVAS MEDIDAS DE EFICIENCIA DIGITAL Y PROCESAL EN LA JUSTICIA

# NUEVAS MEDIDAS DE EFICIENCIA DIGITAL Y PROCESAL EN LA JUSTICIA

Todas las claves del Real Decreto-ley 6/2023, de 19 de diciembre

**EDICIÓN 2024**

**Obra realizada por el Departamento de Documentación de Iberley**

**COLEX 2024**

© Editorial Colex, S.L.
Calle Costa Rica, número 5, 3.º B (local comercial)
A Coruña, 15004, A Coruña (Galicia)
info@colex.es
www.colex.es

I.S.B.N.: 978-84-1194-429-8
Depósito legal: C 549-2024

# SUMARIO

# ANEXO.
# CASOS PRÁCTICOS

# 1.
# INTRODUCCIÓN DE LAS MEDIDAS DE EFICIENCIA DIGITAL Y PROCESAL EN LA ADMINISTRACIÓN DE JUSTICIA

## Introducción a la digitalización de la Justicia

La consolidación de las nuevas tecnologías en nuestra sociedad actual, así como la evolución cultural que acarrea la plena consciencia de los retos de la digitalización y, principalmente, la utilidad que las nuevas tecnologías pueden aportar, hacen necesaria la adaptación de la Administración de Justicia para implementar distintas medidas de eficiencia digital y procesal con el objetivo de favorecer la relación digital entre la ciudadanía y los órganos jurisdiccionales, promoviendo y facilitando la intervención telemática de los ciudadanos en las actuaciones judiciales, simplificando la relación de estos con la Administración de Justicia. Con este objetivo se aprobó el **Real Decreto-ley 6/2023, de 19 de diciembre**, por el que se aprueban medidas urgentes para la ejecución del Plan de Recuperación, Transformación y Resiliencia en materia de servicio público de justicia, función pública, régimen local y mecenazgo, con entrada en vigor el 21 de diciembre de 2023, salvo lo dispuesto en la disposición final 9.ª.

El origen de esta norma podemos encontrarlo el día 13 de julio de 2021, cuando el Consejo Europeo de Asuntos Económicos y Financieros de la Unión Europea aprobó la evaluación del Plan de Recuperación, Transformación y Resiliencia de España. Este documento incluía un programa de reformas y cerca de 70.000 millones de euros para inversiones y reformas entre 2021 y 2023, para, entre otras cosas, la transformación digital.

Hay que tener en cuenta que el derecho a la tutela judicial efectiva que reconoce el art. 24 de nuestra Constitución no puede entenderse desconectado de la realidad en la que debe desenvolverse y es por ello por lo que, dada la evolución de las nuevas tecnologías, es necesario realizar las modificaciones necesarias para adaptar la Administración de Justicia.

Tal y como se recoge en el preámbulo del Real Decreto-ley 6/2023, de 19 de diciembre, a través del mismo se pretende establecer la obligación de las administraciones competentes en materia de Justicia de garantizar la prestación del servicio público de Justicia por medios digitales, equivalentes, de calidad y que aseguren en todo el territorio del Estado una serie de servicios, que deben abarcar como mínimo los siguientes:

– La itineración de expedientes electrónicos y la transmisión de documentos electrónicos entre cualesquiera órganos judiciales o fiscales.

– La interoperabilidad de datos entre cualesquiera órganos judiciales o fiscales.

– El acceso a los servicios, procedimientos e informaciones de la Administración de Justicia que afecten a la ciudadanía.

– La identificación y firma de los intervinientes en actuaciones y servicios no presenciales.

A las medidas específicas de digitalización de la Justicia introducidas por el Real Decreto-ley 6/2023, de 19 de diciembre, hay que añadir medidas de agilización procesal, que se incluyen en las modificaciones realizadas en la Ley de Enjuiciamiento Criminal, en la Ley reguladora de la Jurisdicción Contencioso-administrativa, en la Ley de Enjuiciamiento Civil y en la Ley reguladora de la Jurisdicción Social.

## Las disposiciones generales sobre las medidas de eficiencia digital y procesal en la Justicia

El libro primero del Real Decreto-ley 6/2023, de 19 de diciembre, dedica su título preliminar (arts. 1 a 4) a definir el objeto de la norma, y acoger los principios de acceso, autenticidad, confidencialidad, integridad, disponibilidad, trazabilidad, conservación e interoperabilidad que deben regir los sistemas de información de la Administración de Justicia.

Así, el art. 1.1 dispone que el libro primero, dedicado a las medidas de eficiencia digital y procesal del Servicio Público de Justicia, tiene como **objeto** la regulación de la utilización de las tecnologías de la información por parte de la ciudadanía y de los profesionales en sus relaciones con la Administración de Justicia, así como en las relaciones de la Administración de Justicia con otras Administraciones públicas, y sus organismos públicos y entidades de derecho público vinculadas y dependientes.

> **CUESTIÓN**
>
> **¿Qué podemos entender por tecnologías de la información?**
>
> Por tecnología de la información se entiende tanto el proceso de creación, almacenamiento, transmisión y procesamiento de la información, como los métodos de aplicación de los citados procesos. Coloquialmente podría decirse que es todo aquello que conlleva el uso de los ordenadores, abarcando todos los dispositivos y plataformas.

La Administración de Justicia deberá utilizar las tecnologías de la información conforme a lo establecido el Real Decreto-ley 6/2023, de 19 de diciembre, y, en todo caso, asegurando que los servicios que gestione en el ejercicio de sus funciones garanticen:

- La seguridad jurídica.
- El acceso.
- La autenticidad.
- La confidencialidad.
- La integridad.
- La disponibilidad.
- La trazabilidad.
- La conservación.
- La portabilidad e interoperabilidad de los datos, informaciones y servicios.

Resulta importante destacar que en la Administración de Justicia las tecnologías de la información deben tener carácter instrumental de soporte y apoyo a la actividad jurisdiccional, debiendo respetar en todo caso las garantías procesales y constitucionales.

## ¿Cuál es el ámbito de aplicación de las medidas de eficiencia digital y procesal de la Justicia reguladas en el Real Decreto-ley 6/2023, de 19 de diciembre?

Estas medidas se aplicarán:

- A la Administración de Justicia.
- A la ciudadanía en sus relaciones con la Administración de Justicia.
- A los profesionales que actúen en su ámbito, entendiendo por tales a las personas que ejercen la abogacía, la procura y a los graduados sociales, entre otros profesionales, salvo en los casos en que la misma norma especifique otra cosa.
- A las relaciones entre la Administración de Justicia y el resto de las administraciones públicas, y sus organismos públicos y entidades públicas vinculadas y dependientes.

### CUESTIÓN

**¿Las personas jurídicas se encuentran dentro del ámbito de aplicación de esta ley cuando se relacionan con la Administración de Justicia?**

Sí, tal y como se recoge en el segundo párrafo del art. 2 del Real Decreto-ley 6/2023, de 19 de diciembre: «Las referencias generales a los ciudadanos y ciudadanas efectuadas en este real decreto-ley comprenden a las personas jurídicas y otras entidades sin personalidad jurídica, salvo en los casos en que la misma norma especifique otra cosa (...)».

## ‖ Los servicios electrónicos de la Administración de Justicia

El Real Decreto-ley 6/2023, de 19 de diciembre, define los servicios digitales que las administraciones públicas con competencias en medios materiales y personales de la Administración de Justicia han de prestar de manera equivalente y de calidad en todo el territorio del Estado, servicios que se consideran indispensables para el funcionamiento correcto de la Justicia, y que serían los siguientes:

- La **itineración de expedientes electrónicos** y la transmisión de documentos electrónicos entre cualquier órgano y oficina judicial, fiscalía europea, u oficinas fiscales.

- La **interoperabilidad de datos** entre cualquier órgano judicial o fiscal, a los fines previstos en las leyes.

- La **conservación y acceso** a largo plazo de los expedientes y documentos electrónicos.

- La presentación de escritos y comunicaciones dirigidas a los órganos, oficinas judiciales y oficinas fiscales a través de un **registro común para toda la Administración de Justicia**, de manera complementaria e interoperable con los registros judiciales electrónicos que correspondan a una o varias oficinas judiciales en los distintos ámbitos de competencia, para aquellos usuarios externos a estos ámbitos de competencia.

- Un **Punto de Acceso General** de la Administración de Justicia.

- Un **servicio personalizado de acceso** a los distintos servicios, procedimientos e informaciones accesibles de la Administración de Justicia que afecten a los ciudadanos cuando sean parte o interesados legítimos y directos en un procedimiento o actuación judicial. Dicho servicio podrá ser accesible:

  • A través de un servicio central.

  • A través de las respectivas Sedes Judiciales Electrónicas de cada uno de los territorios.

  • O a través de ambos sistemas.

- Un **registro común de datos** para el contacto electrónico de ciudadanos y profesionales, interoperable con los posibles registros existentes, para facilitar el contacto de los usuarios en los distintos ámbitos de competencias.

- El **acceso por parte de los profesionales a través de un punto común a todos los actos de comunicación de los que sean destinatarios**, cualquiera que sea el órgano judicial u oficina fiscal que los haya emitido. Dicho acceso podrá realizarse:

  • A través de un punto común.

  • A través de las respectivas Sedes Judiciales Electrónicas de cada uno de los territorios.

  • O a través de ambos sistemas.

- El **Tablón Edictal Judicial Único.**
- **Portales de datos** en los términos previstos en el Real Decreto-ley 6/2023, de 19 de diciembre.
- Un **registro interoperable** en el que conste el **personal al servicio de la Administración de Justicia** que haya sido habilitado para la realización de determinados trámites o actuaciones en ella.
- El **Registro Electrónico de Apoderamientos Judiciales.**
- La posible **textualización de actuaciones orales** registradas en soporte apto para la grabación y reproducción del sonido y la imagen.
- La **identificación y firma de los intervinientes en actuaciones no presenciales.**
- Las **comunicaciones electrónicas transfronterizas relativas a actuaciones de cooperación jurídica internacional**, a través de un nodo común que asegure el cumplimiento de los requisitos de interoperabilidad que se hayan convenido en el marco de la Unión Europea o, en su caso, de la normativa convencional de aplicación.
- La **identificación y firma no criptográfica** en las actuaciones y procedimientos judiciales llevados a cabo por **videoconferencia, y en los servicios y actuaciones no presenciales.**
- Aquellos **otros servicios que se determinen por las administraciones públicas con competencias en medios materiales y personales de la Administración de Justicia**, en el marco institucional de cooperación definido en el presente real decreto-ley.

# 2.
# LOS DERECHOS Y DEBERES DIGITALES EN LA ADMINISTRACIÓN DE JUSTICIA

## Derechos y deberes digitales en la Administración de Justicia

El Real Decreto-ley 6/2023, de 19 de diciembre, dedica el título I del libro primero a la regulación de los «Derechos y deberes digitales en el ámbito de la Administración de Justicia». Esta regulación toma como guía la **Carta de derechos digitales aprobada en 2021** cuya finalidad es la de perfilar los derechos más relevantes en el entorno y los espacios digitales. La naturaleza de esta Carta no es normativa, sino que su objetivo es reconocer los retos de aplicación e interpretación que la adaptación de los derechos del entorno digital plantea, así como sugerir principios y políticas para hacerles frente.

## Derechos de los ciudadanos

El art. 5 del Real Decreto-ley 6/2023, de 19 de diciembre, determina que los ciudadanos tienen el **derecho de relacionarse con la Administración de Justicia utilizando medios electrónicos** en las actuaciones judiciales y con relación a los actos de comunicación. En cuanto a la forma y limitaciones del ejercicio de este derecho debe estarse a lo dispuesto en los capítulos I y VII del título III del libro III de la LOPJ.

El apartado 2 del mentado precepto recoge una serie derechos de los que goza la ciudadanía, además del que ya hemos indicado de relacionarse por medios electrónicos. Este artículo señala que el **ciudadano tiene derecho**:

– A que el **servicio público de Justicia se preste por medios digitales** que sean equivalentes, interoperables y con niveles de calidad equiparables. Para ello se habilitarán diferentes canales o medios asegurando el acceso a los mismos de todos los ciudadanos.

– A la **igualdad en el acceso electrónico** a los servicios de la Administración de Justicia, con independencia de sus circunstancias personales, medios o conocimientos.

– A la **calidad de los servicios públicos** prestados por medios electrónicos.

– A un **servicio personalizado de acceso** a procedimientos, informaciones y servicios accesibles de la Administración de Justicia en los que sean partes o interesados legítimos. Este servicio personalizado se realizará, conforme señala el Real Decreto-ley, por medio de la «Carpeta Justicia».

– A **elegir el canal** a través del cual relacionarse por medios electrónicos. Esta elección debe hacerse entre los canales que en el momento se encuentren disponibles.

– A **conocer por medios electrónicos el estado de tramitación de los procedimientos**. También tiene derecho a acceder y obtener copia del expediente judicial electrónico.

**CUESTIONES**

**1. ¿Cualquier persona tiene acceso al estado de tramitación de los procedimientos?**

No, el derecho a acceder al estado del procedimiento por medios electrónicos se reconoce a quien sea parte procesal y los interesados legítimos.

**2. Con relación a las copias del expediente judicial, ¿quién puede obtenerlas?**

Podrán acceder y obtener copas del expediente judicial electrónico los que tengan condición de parte o acrediten interés legítimo y directo.

– A que la Administración de Justicia **conserve en formato electrónico los documentos electrónicos** que formen parte de un expediente.

> **A TENER EN CUENTA.** La conservación de los documentos en el archivo judicial se regula en el Real Decreto 937/2003, de 18 de julio, de modernización de los archivos judiciales.

– A **utilizar para su autenticación o firma** ante la Administración de Justicia:

- Los sistemas de identificación y firma del documento nacional de identidad.

- Sistemas de firma admitidos por la Administración de Justicia según lo previsto en el art. 20 del Real Decreto-ley 6/2023, de 19 de diciembre.

- Cualquier otro sistema que se determine en la propia sede electrónica.

– A la **protección de datos de carácter personal** y, en particular, a la seguridad y confidencialidad de los datos que sean objeto de tratamiento por la Administración de Justicia.

> **A TENER EN CUENTA.** En materia de protección de datos de carácter personal debe estarse a lo dispuesto en la siguiente normativa:
>
> – Reglamento (UE) 2016/679 del Parlamento Europeo y del Consejo, de 27 de abril de 2016, relativo a la protección de las personas físicas en lo que respecta al tratamiento de datos personales y a la libre circulación de estos datos y por el que se deroga la Directiva 95/46/CE (Reglamento general de protección de datos).
>
> – Ley Orgánica 3/2018, de 5 de diciembre, de Protección de Datos Personales y garantía de los derechos digitales.
>
> – Ley Orgánica 7/2021, de 26 de mayo, de protección de datos personales tratados para fines de prevención, detección, investigación y enjuiciamiento de infracciones penales y de ejecución de sanciones penales.

– Para relacionarse con la Administración de Justicia, tiene **derecho a elegir las aplicaciones o sistemas**. Podrá escoger aquellos que utilicen estándares abiertos, o en su caso, aquellos otros que sean de uso generalizado por la ciudadanía. En todo caso deben ser compatibles con los que dispongan los órganos judiciales y que respeten las garantías y requisitos del procedimiento del que se trate.

**CUESTIÓN**

**¿Qué se entiende por «estándares abiertos»?**

Conforme la definición que recoge el Diccionario del español jurídico se entiende por estándar abierto: «Modelo estándar que reúne las siguientes condiciones: a) que sea público y su utilización sea disponible de manera gratuita o a un coste que no suponga una dificultad de acceso, y b) que su uso y aplicación no estén condicionados al pago de un derecho de propiedad intelectual o industrial».

– A que las **aplicaciones o sistemas** para relacionarse con la Administración de Justicia estén **disponibles en todas las lenguas oficiales del Estado**.

**CUESTIÓN**

**¿Las personas jurídicas tienen los mismos derechos que los ciudadanos?**

No, el art. 5.3 del Real Decreto-ley 6/2023, de 19 de diciembre, fija los derechos de las personas jurídicas. A diferencia de los ciudadanos a las personas jurídicas no se les reconoce el derecho a:

– Elegir el canal a través del cual relacionarse por medios electrónicos con la Administración de Justicia.

– A elegir las aplicaciones o sistemas para relacionarse con la Administración de Justicia.

## Derechos y deberes de los profesionales

Los profesionales tienen el **derecho y el deber de relacionarse con la Administración de Justicia a través de medios electrónicos**. En estas relaciones deben respetar en todo caso las garantías y requisitos previstos en el procedimiento que se trate.

Las administraciones con competencia en materia de justicia deben **asegurar el acceso** de los profesionales a los servicios electrónicos por medio de **puntos de acceso electrónico**. Estos puntos de acceso consistirán en sedes judiciales electrónicas creadas y gestionadas por la administración competente a través de redes de comunicación.

Con relación a la utilización de medios electrónicos en la actividad judicial, los **profesionales tienen los siguientes derechos**:

- **Acceder y conocer**, por medios electrónicos, el **estado de tramitación** de aquellos procedimientos en los que ostenten la representación procesal o asuman la defensa de la parte personada o que haya acreditado interés legítimo.

- **Acceder y obtener copia del expediente judicial electrónico** y de los documentos electrónicos que formen parte de procedimientos en los que intervengan.

- Con relación a los **documentos conservados** por la Administración de Justicia que formen parte de un expediente, los profesionales tienen derecho a **acceder a los mismos en formato electrónico**.

- **Utilizar los sistemas de identificación y firma** establecidos en el Real Decreto-ley 6/2023, de 19 de diciembre.

> **A TENER EN CUENTA.** Al efecto de la identificación y firma digital, los consejos generales o superiores profesionales deberán poner a disposición de los órganos judiciales, oficinas judiciales y oficinas fiscales los protocolos y sistemas de interconexión que permitan el acceso necesario por medios electrónicos a la «ventanilla única» regulada en el art. 10 de la Ley 2/1974, de 13 de febrero.

- A la **garantía de la seguridad, confidencialidad y disponibilidad en el tratamiento de los datos personales** realizado por la Administración de Justicia que figuren en sus ficheros, sistemas y aplicaciones.

> **CUESTIÓN**
>
> **En materia de tratamiento de datos personales, ¿quién debe cumplir las responsabilidades?**
>
> El cumplimiento de las responsabilidades con relación al tratamiento de datos personales realizado por la Administración de Justicia le corresponde a la administración competente en su condición de administración prestacional.

- A la conciliación de la vida laboral, personal y familiar. Con este objeto los sistemas de información de la Administración de Justicia deben posibilitar y favorecer la **desconexión digital**.

> **A TENER EN CUENTA.** Las Administraciones con competencias en materia de Justicia deberán definir, mediante convenios y protocolos, los términos, medios y medidas adecuadas, en el ámbito tecnológico, para posibilitar la desconexión, la conciliación y el descanso en los períodos inhábiles procesalmente y en aquellos en que las personas profesionales de la abogacía, la procura y los graduados sociales estén haciendo uso de las posibilidades dispuestas a tal fin en las normas procesales.

**CUESTIÓN**

**¿Los profesionales tienen derecho a escoger las aplicaciones o sistemas con los que relacionarse con la Administración de Justicia?**

No, ya que el art. 6.3 del Real Decreto-ley 6/2023, de 19 de diciembre, señala el deber de utilizar las aplicaciones o sistemas que establezca la administración competente señalando:

*«Los y las profesionales que se relacionen con la Administración de Justicia, en los términos previstos en el presente real decreto-ley, tienen el deber de utilizar los medios electrónicos, las aplicaciones o los sistemas establecidos por las administraciones competentes en materia de Justicia, respetando en todo caso las garantías y requisitos previstos en el procedimiento que se trate».*

# Uso obligatorio de medios electrónicos por la Administración de Justicia

El art. 7 del Real Decreto-ley 6/2023, de 19 de diciembre, establece la **obligatoriedad del uso de medios electrónicos respecto a los órganos y oficinas judiciales, fiscalías y oficinas fiscales** en el desarrollo de su actividad y el ejercicio de sus funciones.

Los órganos a los que hemos hecho referencia **deberán utilizar los medios técnicos, electrónicos e informáticos** puestos a su disposición por la administración competente. Esta obligación surge siempre que estos medios cumplan con los esquemas nacionales de interoperabilidad y seguridad, así como con la normativa técnica, instrucciones técnicas de seguridad, requisitos funcionales fijados por el Comité técnico estatal de la Administración judicial electrónica y normativa de protección de datos personales.

**CUESTIÓN**

**¿Quién debe dotar a los órganos y oficinas judiciales y oficinas fiscales de los sistemas tecnológicos?**

La dotación a los órganos y oficinas judiciales y oficinas fiscales de los sistemas tecnológicos que permitan la tramitación electrónica le corresponde a las Administraciones públicas con competencia en medios materiales y personales de la Administración de Justicia.

Debe tenerse en cuenta que las **instrucciones de carácter general o singular** relativas al uso de las tecnologías que el Consejo General del Poder Judicial o la Fiscalía General del Estado dirijan a los jueces y magistrados o a los fiscales, respectivamente, **serán de obligado cumplimiento**. También lo serán las que la persona titular de la Secretaría General de la Administración de Justicia dirija a los letrados de la Administración de Justicia.

# 3.
# EL ACCESO DIGITAL A LA ADMINISTRACIÓN DE JUSTICIA: LA SEDE JUDICIAL ELECTRÓNICA Y EL PAGAJ

## La regulación de los métodos de acceso digital a la Administración de Justicia

El título II, del libro primero, del Real Decreto-ley 6/2023, de 19 de diciembre, por el que se aprueban medidas urgentes para la ejecución del Plan de Recuperación, Transformación y Resiliencia en materia de servicio público de justicia, función pública, régimen local y mecenazgo, regula el acceso digital a la Administración de Justicia.

Tal y como se recoge en el preámbulo del citado real decreto-ley, esta accesibilidad a la Justicia es uno de los aspectos que esta norma se centra en mejorar, incluyendo importantes previsiones:

– Mejorar el concepto de sede judicial electrónica, regulando tanto sus características y clases, como el contenido, servicios que prestan y reglas especiales de responsabilidad.

– Regular el Punto de Acceso General de la Administración de Justicia (PAGAJ), que debe orientarse hacia los servicios a la ciudadanía, creándose la carpeta en el ámbito de la Administración de Justicia.

– Se actualizan los sistemas de identificación y autenticación, incluyendo, entre otras cosas, un sistema seguro de identificación de videoconferencias, sistemas de firma del personal de la Administración de Justicia, normas sobre interoperabilidad...

– También se regula un sistema de identificación y firma no criptográfica en actuaciones y procedimientos judiciales, para mejorar la accesibilidad a las personas que no cuentan con un certificado electrónico o tienen dificultad en su utilización.

# 3.1. La sede judicial electrónica

## Disposiciones generales sobre la sede judicial electrónica

La regulación del título II, del libro primero, del Real Decreto-ley 6/2023, de 19 de diciembre, comienza con un capítulo dedicado a la sede judicial electrónica.

La definición de sede judicial electrónica nos la da el art. 8.1 del Real Decreto-ley 6/2023, de 19 de diciembre, que dispone que: «La sede judicial electrónica es aquella **dirección electrónica** disponible para los ciudadanos y ciudadanas a través de redes de telecomunicaciones cuya **titularidad, gestión y administración corresponde a cada una de las administraciones competentes en materia de Justicia**».

### CUESTIONES

**1. ¿Cómo se crean las sedes judiciales electrónicas?**

Las sedes judiciales electrónicas se crean mediante disposición publicada en el BOE o boletín o diario oficial de la comunidad autónoma correspondiente.

**2. ¿Qué principios deben respetarse en la creación de las sedes judiciales electrónicas?**

El art. 8.4 del mentado Real Decreto-ley 6/2023 además de establecer que las administraciones competentes en materia de Justicia serán las que determinen las condiciones e instrumentos de creación de las sedes judiciales electrónicas, recoge que deberán estar sujetas a los siguientes principios:

- Publicidad.
- Responsabilidad.
- Calidad.
- Seguridad.
- Disponibilidad.
- Accesibilidad.
- Neutralidad.
- E interoperabilidad.

Además, hay que tener en cuenta, que el art. 38 de la Ley 40/2015, de 1 de octubre, del Régimen Jurídico del Sector Público también resulta aplicable a esta cuestión, y en el mismo, además de los principios ya mentados, se recoge también el principio de transparencia.

El **contenido mínimo** que deben de tener las sedes judiciales electrónicas se regula tanto en el art. 8.2, como en el art. 10, ambos del Real Decreto-ley 6/2023, de 19 de diciembre.

Por su parte el apartado 2 del artículo 8 de la citada norma establece como contenido mínimo el siguiente:

- La identificación de la dirección electrónica de referencia de la sede, incluyendo el nombre del dominio que haya otorgado la Administración competente.

– La identificación de su titular, y del órgano u órganos administrativos encargados tanto de su gestión como de los servicios puestos a disposición de la ciudadanía y de los profesionales en la misma.

– La identificación de los canales de acceso a los servicios disponibles en la sede y, en su caso, señalando los teléfonos y oficinas a través de las cuales también puede accederse a los mismos.

– Los cauces establecidos para la formulación de sugerencias y quejas relacionadas con el servicio que presta la sede.

– El acceso a los siguientes puntos:

  • Al expediente judicial electrónico.

  • A la presentación de escritos.

  • A la práctica de notificaciones.

  • A la agenda de señalamientos.

  • A la información sobre los sistemas de videoconferencia habilitados.

Y el artículo 10.1 del Real Decreto-Ley 6/2023, de 19 de diciembre, dispone que la sede judicial electrónica también deberá contar con los siguientes contenidos:

– Identificación de los siguientes puntos:

  • La sede.

  • La Administración pública u organismos titulares.

  • Los responsables de la gestión.

  • Los servicios puestos a disposición en la misma, y de ser el caso, también en las sedes de ella derivadas.

  • El órgano, oficina judicial u oficina fiscal que origine la información que se deba incluir en la sede judicial electrónica.

– La información necesaria para la correcta utilización de la sede, debiendo incluirse el mapa de la sede judicial electrónica o información equivalente, especificando la estructura de navegación y las distintas secciones disponibles.

– La relación de los sistemas de identificación y firma electrónica que sean admitidos o utilizados en la sede.

– Las normas de creación del registro o registros electrónicos accesibles desde la sede.

– La información relacionada con la protección de datos de carácter personal, incluyendo:

  • Un enlace a la sede electrónica de la AEPD y a las Agencias Autonómicas de Protección de Datos.

  • La información prevista en los arts. 13 y 14 del Reglamente General de Protección de datos, referidos a la información que debe facilitarse cuando los datos personales se hayan obtenido del interesado y cuando no.

- Cualquier otra información que permita cumplir con el principio de transparencia.
- El inventario de tratamientos al que se refiere el art. 31.2 de la Ley Orgánica 3/2018, de 5 de diciembre, de Protección de Datos Personales y garantía de los derechos digitales, y en el que constará la información relativa al registro de las actividades de tratamiento.

A mayores, el apartado segundo del art. 10 del Real Decreto-ley 6/2023, de 19 de diciembre, también regula los **servicios mínimos** que deben de ponerse a disposición de la ciudadanía y de los profesionales en las sedes judiciales electrónicas, realizando la siguiente enumeración:

- La relación de los servicios disponibles en la sede judicial electrónica.
- La carta de servicios y la carta de servicios electrónicos.
- La relación de los medios electrónicos que la ciudadanía y los profesionales pueden utilizar en cada supuesto en el ejercicio de su derecho a comunicarse con la Administración de Justicia.
- Acceso al expediente judicial electrónico, a la presentación de escritos, a la práctica de actos de comunicación y a la agenda de señalamientos e información, en su caso, de los sistemas habilitados de videoconferencia.
- Un enlace para la formulación de sugerencias y quejas ante los órganos correspondientes.
- Acceso al estado de la tramitación del expediente, en los términos establecidos en las leyes procesales.
- Un enlace al Tablón Edictal Judicial único, como medio de publicación y consulta de las resoluciones y comunicaciones que por disposición legal deban fijarse en el tablón de anuncios o edictos.
- Verificación de los sellos electrónicos de los órganos u organismos públicos que abarque la sede.
- Comprobación de la autenticidad e integridad de los documentos emitidos por los órganos u organismos públicos que comprenda la sede, que hayan sido autenticados mediante código seguro de verificación.
- Servicios de asesoramiento electrónico al usuario para la correcta utilización de la sede.
- La Carta de Derechos de los Ciudadanos ante la Justicia.
- Con relación a la asistencia jurídica gratuita, un enlace al apartado de instrucciones o gestión de cita para la solicitud de la misma.

---

**A TENER EN CUENTA.** Cuando se trate de sedes derivadas no será necesario que las mismas contengan la información y los servicios enumerados en el art. 10 del Real Decreto-Ley 6/2023, de 19 de diciembre, si ya figuran en la sede de la que derivan.

---

El **titular de una sede judicial electrónica** tiene la responsabilidad de **garantizar el acceso** a los servicios previstos en la misma, y además debe garantizar también la **integridad y actualización** de la información que se facilite en la misma.

También con relación a la responsabilidad, el art. 11 del Real Decreto-ley 6/2023, de 19 de diciembre, establece que el responsable de la veracidad e integridad del contenido que se incluye en la sede judicial electrónica será el órgano que origine la información, debiendo establecerse en la propia sede judicial electrónica los medios necesarios para que la ciudadanía pueda conocer si se trata de información o servicios de la propia sede, si se trata de un punto de acceso que no tiene carácter de sede o si se trata de un tercero.

La publicación en las sedes judiciales electrónicas de informaciones, servicios y transacciones deberá respetar tanto los estándares abiertos, como aquellos otros que sean de uso generalizado por la ciudadanía.

---

**CUESTIÓN**

**¿Debe facilitarse el acceso a la sede judicial electrónica en las lenguas cooficiales?**

Sí, y así lo recoge expresamente el art. 10.4 del Real Decreto-ley 6/2023, de 19 de diciembre: «La sede judicial electrónica garantizará el régimen de cooficialidad lingüística vigente en su territorio».

---

El art. 8.6 del Real Decreto-ley 6/2023, de 19 de diciembre, contiene una remisión expresa al art. 38 de la Ley 40/2015, de 1 de octubre, del Régimen Jurídico del Sector Público, disponiendo que el mismo, junto con el propio RD-ley 6/2023, constituirán las normas que regirán las sedes judiciales electrónicas. Siendo así, resulta importante destacar que contenido del citado art. 38 es el siguiente:

«1. La sede electrónica es aquella dirección electrónica, disponible para los ciudadanos a través de redes de telecomunicaciones, cuya titularidad corresponde a una Administración Pública, o bien a una o varios organismos públicos o entidades de Derecho Público en el ejercicio de sus competencias.

2. El establecimiento de una sede electrónica conlleva la responsabilidad del titular respecto de la integridad, veracidad y actualización de la información y los servicios a los que pueda accederse a través de la misma.

3. Cada Administración Pública determinará las condiciones e instrumentos de creación de las sedes electrónicas, con sujeción a los principios de transparencia, publicidad, responsabilidad, calidad, seguridad, disponibilidad, accesibilidad, neutralidad e interoperabilidad. En todo caso deberá garantizarse la identificación del órgano titular de la sede, así como los medios disponibles para la formulación de sugerencias y quejas.

4. Las sedes electrónicas dispondrán de sistemas que permitan el establecimiento de comunicaciones seguras siempre que sean necesarias.

5. La publicación en las sedes electrónicas de informaciones, servicios y transacciones respetará los principios de accesibilidad y uso de acuerdo con las normas establecidas al respecto, estándares abiertos y, en su caso, aquellos otros que sean de uso generalizado por los ciudadanos.

6. Las sedes electrónicas utilizarán, para identificarse y garantizar una comunicación segura con las mismas, certificados reconocidos o cualificados de autenticación de sitio web o medio equivalente».

Cuando las direcciones electrónicas de la Administración de Justicia tengan la condición de sedes judiciales electrónicas deberán hacerse constar de forma visible e inequívoca.

Además, también regula la norma que el instrumento de creación de la sede judicial electrónica deberá ser accesible directamente o mediante enlace a su publicación en el Boletín Oficial del Estado o en el de la C.A. correspondiente.

Es importante destacar que los sistemas de información que soporten las sedes judiciales electrónicas **deberán garantizar con respecto a las informaciones que manejan y a los servicios prestados** lo siguiente:

- La confidencialidad.
- La integridad.
- La autenticidad.
- La trazabilidad.
- La disponibilidad.

---

**A TENER EN CUENTA.** Las sedes judiciales electrónicas utilizarán comunicaciones cifradas con base en certificados cualificados de autenticación de sitios web o medio equivalente, según lo dispuesto en el Reglamento (UE) n.º 910/2014 del Parlamento Europeo y del Consejo, de 23 de julio de 2014, relativo a la identificación electrónica y los servicios de confianza para las transacciones electrónicas en el mercado interior y por el que se deroga la Directiva 1999/93/CE.

---

El art. 9 del Real Decreto-ley 6/2023, de 19 de diciembre, establece las características de las sedes judiciales electrónicas y sus clases, destacando que las actuaciones, procedimientos y servicios que requieran la autenticación de la Administración de Justicia o de la ciudadanía y los profesionales por medios electrónicos deberán realizarse preferentemente a través de sedes judiciales electrónicas.

**CUESTIÓN**

**¿Cómo se accederá a los servicios que requieran autenticación?**

El acceso a estos servicios podrá realizarse desde la Carpeta de Justicia en las condiciones establecidas por el Comité técnico estatal de la Administración judicial electrónica, para asegurar la completa y exacta incorporación de la información y accesos publicados.

Como característica de estas sedes judiciales electrónicas se establece también que tendrán que disponer de sistemas que permitan establecer **comunicaciones seguras** siempre que sean necesarias.

A continuación, se diferencia entre **sede judicial electrónica principal**, y **sedes judiciales electrónicas asociadas,** ya que la norma señala que se podrán crear una o varias sedes judiciales electrónicas derivadas de una sede judicial electrónica cuando esté justificado por motivos técnicos o funcionales. Sin perjuicio de que las sedes derivadas puedan tener un acceso electrónico directo, deberán resultar accesibles desde la dirección electrónica de la sede principal.

**CUESTIÓN**

**¿Quién puede crear las sedes judiciales electrónicas asociadas?**

Estas sedes judiciales electrónicas asociadas se crearán por disposición del órgano administrativo que tenga atribuida esta competencia y cumpliendo los mismos requisitos de publicidad que las sedes judiciales electrónicas principales.

# El Punto de Acceso General de la Administración de Justicia (PAGAJ)

El Punto de Acceso General de la Administración de Justicia (PAGAJ) aparece regulado en el art. 12 del Real Decreto-ley 6/2023, de 19 de diciembre, que lo define como un portal orientado a la ciudadanía que dispondrá de su sede electrónica, en la que, como mínimo, se contendrá:

– La Carpeta Judicial.

– El directorio de las sedes electrónicas que faciliten el acceso a los servicios, procedimientos e informaciones accesibles correspondientes a la Administración de Justicia, al Consejo General del Poder Judicial, a la Fiscalía General del Estado, y a los organismos públicos vinculados o dependientes de la misma, así como a las administraciones con competencias en materia de Justicia.

– También podrá contener el acceso a servicios o informaciones correspondientes a otras administraciones públicas o corporaciones que representen los intereses de los profesionales que se relacionan con la Administración de Justicia, mediante la celebración de los correspondientes convenios.

Además, el PAGAJ también debe ofrecer, al menos, un servicio de consulta de expedientes en los que la ciudadanía pueda informase sobre aquellos procedimientos judiciales en los que figure como parte, y en todo caso la posibilidad de conocer y acceder a recibir las notificaciones de todos los órganos judiciales.

**CUESTIÓN**

**¿Quién gestiona el PAGAJ?**

El PAGAJ lo gestiona el Ministerio de la Presidencia, Justicia y Relaciones con las Cortes conforme a los acuerdos que se adopten en el Comité técnico estatal de la Administración judicial electrónica, con el objetivo de asegurar la completa y exacta incorporación de la información y accesos publicados en éste, de manera interoperable con los posibles puntos ubicados en los portales habilitados por cada administración competente (art. 12.2 del Real Decreto-Ley 6/2023, de 19 de diciembre).

Los **principios** a los que debe responder el PAGAJ son los de **accesibilidad universal y claridad de la información**, destacando la norma de referencia que incluirá contenidos dirigidos a colectivos vulnerables, especialmente niños, niñas y adolescentes, que puedan resultar de su interés.

En lo que a las personas jurídicas se refiere, cuando el volumen de causas pudiese dificultar una gestión a través del punto de acceso general, el apartado 5 del art. 12 del citado Real Decreto-ley, establece que deben ofrecerse a las mismas sistemas específicos en función de niveles de volumen de expedientes o de áreas de gestión en atención a los referidos acuerdos que se adopten en el Comité técnico estatal de la Administración judicial electrónica conforme se establece en el apartado 2 del mentado artículo 12.

En la actualidad podemos acceder al Punto de Acceso General de la Administración de Justicia, a través de la siguiente página web: https://www.administraciondejusticia.gob.es/

En dicha web encontramos apartados tales como: Qué es la Administración de Justicia, o Como se organiza la Justicia, además de contener también acceso a la Carpeta Justicia, a LexNET, al servicio de apoderamientos *Apud Acta*...

# 3.2. La Carpeta Justicia

## La Carpeta Justicia

El Real Decreto-ley 6/2023, de 19 de diciembre, por el que se aprueban medidas urgentes para la ejecución del Plan de Recuperación, Transformación y Resiliencia en materia de servicio público de justicia, función pública, régimen local y mecenazgo dedica su capítulo II, del título II, del libro primero, a la Carpeta Justicia.

La **Carpeta Justicia** aparece definida en el art. 13.1 del Real Decreto-ley 6/2023, de 19 de diciembre, como un **servicio personalizado que facilita el acceso a los servicios, procedimientos e informaciones accesibles de la Administración de Justicia** que afecten a la ciudadanía bien cuando sea parte o bien cuando justifique un interés legítimo y directo en un procedimiento o actuación judicial.

Por su parte, en la página web de la Administración de Justicia (https://www.administraciondejusticia.gob.es/carpeta-justicia), recoge que se trata de un espacio personal *on-line* que facilita la relación con la Administración de Justicia, y que permite a la ciudadanía, a las empresas y a los profesionales de la justicia el acceso a los servicios de la Administración de Justicia en cualquier momento.

Este servicio podrá ser ofrecido:

- A través de un sistema común.
- A través de las respectivas sedes judiciales electrónicas de cada uno de los territorios.
- O a través de ambos sistemas.

**CUESTIÓN**

**¿Quién puede acceder a la Carpeta Justicia?**

El acceso a la Carpeta Justicia pueden realizarlo los siguientes colectivos:

- La ciudadanía.
- Los representantes de personas jurídicas y/o entidades sin personalidad.
- Los profesionales de la justicia colegiados, entendiendo por tales, los abogados, los procuradores y los graduados sociales.

Para poder acceder a dicho servicio tanto la ciudadanía, como los profesionales, deberán identificarse previamente en alguna de las formas previstas en el Real Decreto-ley 6/2023, de 19 de diciembre. En la actualidad el acceso a la Carpeta Justicia requiere la identificación mediante Cl@ve, pudiendo utilizarse el DNI-electrónico, cualquier certificado electrónico reconocido y también los sistemas de claves concertadas Cl@ve PIN y Cl@ve Permanente.

**A TENER EN CUENTA.** Los requisitos que deberá cumplir la Carpeta Justicia se establecerán reglamentariamente, y con un informe previo del Comité técnico estatal de la Administración judicial electrónica (CTEAJE).

La **responsabilidad** de la gestión de la Carpeta Justicia será del Ministerio de la Presidencia, Justicia y Relaciones con las Cortes. También podemos destacar con relación a la responsabilidad, que el art. 14 distingue otros dos tipos de responsabilidad relacionada con la Carpeta Justicia:

- En primer lugar, establece la responsabilidad de las administraciones públicas con competencias en materia de Justicia, que deberán velar por el cumplimiento, y adoptar las medidas pertinentes para garantizar los siguientes principios:
  - Confidencialidad.
  - Integridad.

- Autenticidad.
- Trazabilidad.
- Disponibilidad.
- Actualización de la información y los servicios.

– En segundo lugar, también se alude a la responsabilidad de la ciudadanía y de los profesionales, que deberán hacer un buen uso de los servicios e informaciones disponibles a través de la Carpeta Justicia, recogiendo expresamente que, en caso contrario, estarían sujetos a las responsabilidades que pudieran derivarse de un mal uso.

Subsidiariamente, en lo no regulado en el Real Decreto-ley 6/2023, de 19 de diciembre, ni en su desarrollo reglamentario, se aplicará lo dispuesto en las disposiciones reglamentarias sobre la Carpeta Ciudadana del Sector Público Estatal, cuando por su naturaleza resulten compatibles. Además, cabe destacar que la Carpeta Justicia será interoperable con la Carpeta Ciudadana del Sector Público Estatal.

El **contenido mínimo** que debe figurar en la Carpeta Justicia aparece recogido en el art. 15 del Real Decreto-ley 6/2023, de 19 de diciembre, y sería el siguiente:

– La información necesaria para permitir a la ciudadanía su utilización.
– La relación de los servicios que pueden obtener a través de la misma.
– Los derechos y obligaciones de la ciudadanía derivados de su uso.
– La posibilidad de verificar los accesos previos.
– El acceso a los expedientes judiciales en los que el ciudadano fuese parte o interesado.
– El acceso y firma de los actos de comunicación de la Administración de Justicia pendientes, así como el acceso a los actos de comunicación ya practicados.
– El acceso a la información personalizada que conste en el Tablón Edictal Judicial Único.
– La obtención y gestión de cita previa en el ámbito judicial.
– El acceso a una agenda personalizada de actuaciones ante la Administración de Justicia.
– El acceso a los cauces para realizar sugerencias y quejas.

El acceso a los servicios de la Carpeta Justicia deberá dejar constancia, y en este sentido, el art. 16 del mentado Real Decreto-ley establece que los sistemas informáticos deberán asegurar que quede constancia del acceso, con fecha y hora, y de la información a la que se haya accedido. Por su parte el ciudadano podrá obtener original, copia o justificante de los documentos y las resoluciones, procesales o judiciales, a los que haya accedido a través de la Carpeta Justicia.

---

**A TENER EN CUENTA.** A través de la Carpeta Justicia se podrán ejercer los derechos previstos en la normativa aplicable en materia de protección de datos de carácter personal.

---

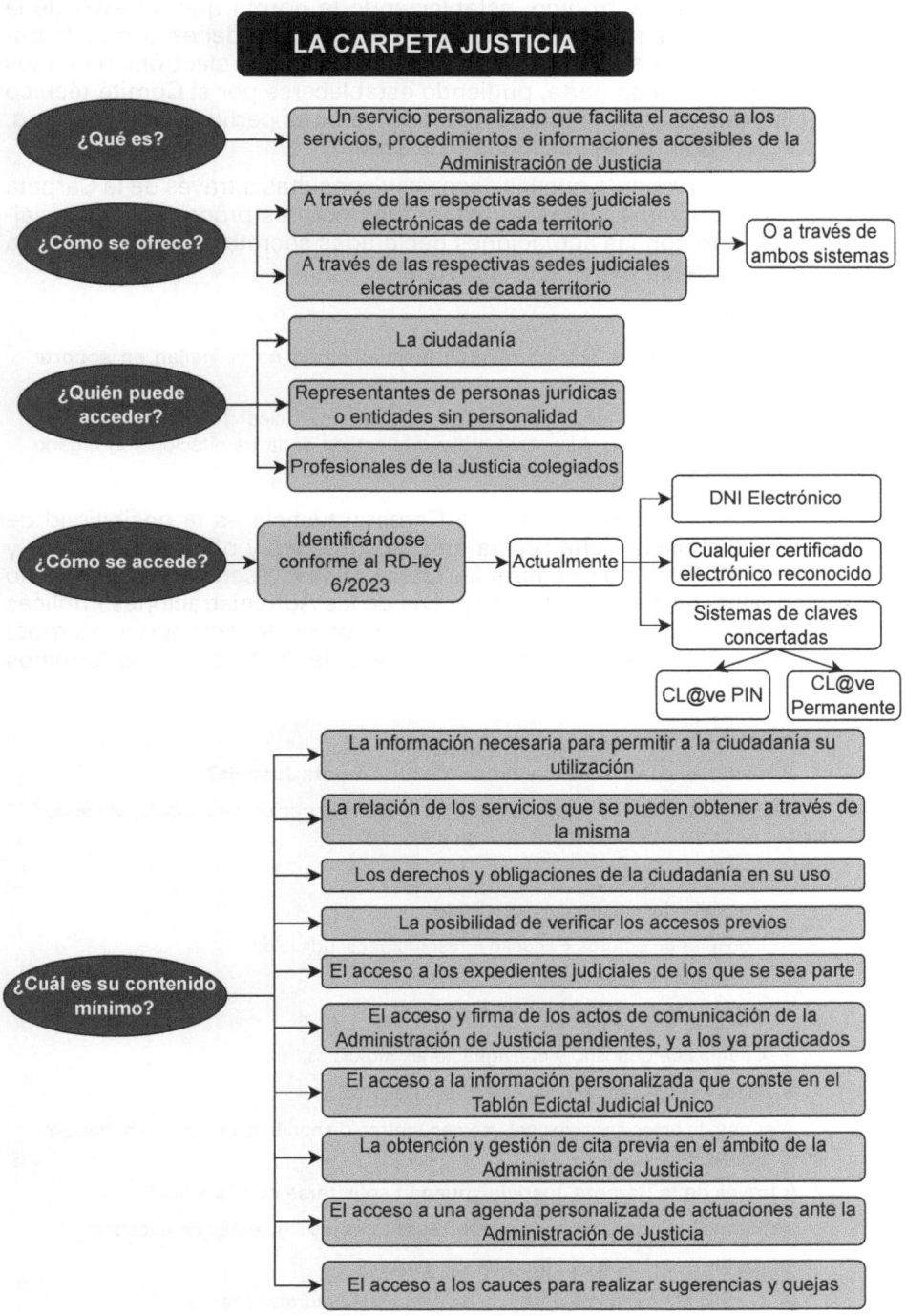

## LA CARPETA JUSTICIA

**¿Qué es?** → Un servicio personalizado que facilita el acceso a los servicios, procedimientos e informaciones accesibles de la Administración de Justicia

**¿Cómo se ofrece?**
- A través de las respectivas sedes judiciales electrónicas de cada territorio
- A través de las respectivas sedes judiciales electrónicas de cada territorio
- O a través de ambos sistemas

**¿Quién puede acceder?**
- La ciudadanía
- Representantes de personas jurídicas o entidades sin personalidad
- Profesionales de la Justicia colegiados

**¿Cómo se accede?** → Identificándose conforme al RD-ley 6/2023 → Actualmente
- DNI Electrónico
- Cualquier certificado electrónico reconocido
- Sistemas de claves concertadas
  - CL@ve PIN
  - CL@ve Permanente

**¿Cuál es su contenido mínimo?**
- La información necesaria para permitir a la ciudadanía su utilización
- La relación de los servicios que se pueden obtener a través de la misma
- Los derechos y obligaciones de la ciudadanía en su uso
- La posibilidad de verificar los accesos previos
- El acceso a los expedientes judiciales de los que se sea parte
- El acceso y firma de los actos de comunicación de la Administración de Justicia pendientes, y a los ya practicados
- El acceso a la información personalizada que conste en el Tablón Edictal Judicial Único
- La obtención y gestión de cita previa en el ámbito de la Administración de Justicia
- El acceso a una agenda personalizada de actuaciones ante la Administración de Justicia
- El acceso a los cauces para realizar sugerencias y quejas

Una de las funciones principales de la Carpeta Justicia será **acceso al expediente judicial electrónico,** estableciendo la norma que a través de la Carpeta Justicia debe facilitarse un servicio de consulta del estado de la tramitación, y el acceso a todos los expedientes judiciales electrónicos en los que los ciudadanos sean parte, pudiendo establecerse por el Comité técnico estatal de la Administración judicial electrónica otros perfiles para el acceso, cuando se justifique un interés legítimo y directo.

Hay que tener en cuenta que los accesos y consultas a través de la Carpeta Justicia deben ajustarse a lo dispuesto en las normas procesales, especialmente en relación con las actuaciones declaradas secretas o reservadas, y a la protección de datos de carácter personal.

**CUESTIÓN**

**¿Qué ocurre con los procedimientos judiciales que no se hallen en soporte electrónico?**

En estos casos deberán habilitarse igualmente servicios electrónicos de información que deberán incluir como mínimo el estado de la tramitación y el órgano judicial competente.

Otro de los servicios que facilita la Carpeta Justicia es la posibilidad de la ciudadanía de solicitar **cita previa** ante los órganos y oficinas judiciales y oficinas fiscales, así como visualizar las citas previas ya señaladas, y para ello se establece que los servicios de cita previa de las Administraciones Públicas con competencias en materias de Administración de Justicia serán interoperables con el servicio de cita previa de la Carpeta Justicia, en los términos que establezca el CTEAJE.

**CUESTIONES**

**1. ¿Qué servicios ofrece en la actualidad la Carpeta Justicia?**

Tal y como figura en la página web de la Administración de Justicia, la versión actual de la plataforma integra los siguientes servicios:

- Apoderamientos *Apud Acta*.
- Consulta del estado del expediente.
- Consulta de edictos y acceso a resoluciones judiciales.
- Agenda de señalamientos.
- Cita previa.
- Cuentas de depósito y consignaciones judiciales.
- Visor Expediente Judicial Electrónico HORUS.

Algunos de estos servicios solo se encuentran disponibles en determinados ámbitos geográficos.

**2. A través de la Carpeta Justicia ¿pueden solicitarse certificados?**

Sí, desde la Carpeta Justicia pueden solicitarse los siguientes certificados:

- Certificado digital de antecedentes penales.
- Certificado digital de ausencia de delitos de naturaleza sexual.
- Certificado de matrimonio.

- Certificado de nacimiento.
- Certificado de defunción.

**A TENER EN CUENTA.** Tal y como se recoge en la mentada web de la Administración de Justicia, la aplicación se encuentra en fase piloto, incluyendo en la actualidad servicios para abogados y procuradores principalmente, aunque también incluye servicios para personas físicas y para representantes de personas jurídicas y entidades sin personalidad jurídica.

# 3.3. La identificación y firma electrónica

## La identificación y la firma electrónica en la Administración de Justicia

La regulación de la identificación y la firma electrónica en la Administración de Justicia la encontramos en el capítulo II, del título II, del libro primero del Real Decreto-ley 6/2023, de 19 de diciembre, por el que se aprueban medidas urgentes para la ejecución del Plan de Recuperación, Transformación y Resiliencia en materia de servicio público de justicia, función pública, régimen local y mecenazgo.

Este capítulo cuenta además con tres secciones distintas:

- Sección 1.ª: Disposiciones comunes de los sistemas de identificación y firma (arts. 19 a 23).
- Sección 2.ª: Identificación y firma de la Administración de Justicia (arts. 24 a 27).
- Sección 3.ª: Interoperabilidad, identificación y representación de los ciudadanos y ciudadanas (arts. 28 a 30).

Tal y como se recoge en el preámbulo del Real Decreto-ley 6/2023, de 19 de diciembre, con esta norma se actualizan los sistemas de identificación y autenticación conforme a lo previsto en el Reglamento (UE) n.º 910/2014 del Parlamento Europeo y del Consejo, de 23 de julio de 2014, incluyendo los siguientes aspectos:

- El establecimiento de un sistema seguro de identificación en videoconferencias.
- La regulación de sistemas de Código Seguro de Verificación.
- Los sistemas de firma del personal al servicio de la Administración de Justicia.
- Normas sobre interoperabilidad e identificación y representación de la ciudadanía, así como intercambio electrónico de datos en entornos cerrados de comunicación.

Otro de los aspectos regulados en la norma es un sistema de identificación y firma no criptográfica en actuaciones y procedimientos judiciales para aquellas personas que no tienen acceso a un certificado electrónico o tienen dificultad en su utilización.

**CUESTIONES**

**1. ¿Qué se entiende por identificación electrónica? ¿Y por medios de identificación electrónica?**

Como estableció el CTEAJE en su Guía de Interoperabilidad y Seguridad de Autenticación, Certificados y Firma Electrónica, de 2015, por identificación electrónica se entiende el proceso de utilizar los datos de identificación de una persona en formato electrónico de manera que representan unívocamente a esa persona física o jurídica o a una persona física que, a su vez, representa a una persona jurídica.

También se recoge que los medios de identificación electrónica son aquellas unidades materiales y/o inmateriales que contienen datos de identificación de una persona y que se utilizan para la autenticación de servicios en línea. Añade también, que se considera «sistema de identificación electrónica», un régimen para la identificación electrónica en virtud del cual se expiden medios de identificación electrónica a las personas físicas o jurídicas o a una persona física que representa a una persona jurídica.

**2. ¿Y qué se entiende por autenticación?**

En este caso, la mentada guía establece que se trata de un proceso electrónico que posibilita la identificación electrónica de una persona física o jurídica, o del origen y la integridad de datos en formato electrónico, de tal manera que un proceso de autenticación permite tener certeza de que la identificación electrónica asociada se corresponde con la de su titular.

Como punto de partida cabe recordar que el artículo 6.2 del Real Decreto-ley 6/2023, de 19 de diciembre, entre los derechos y deberes de los profesionales que se relacionen con la Administración de Justicia, incluye en su apartado d), el derecho «A utilizar los sistemas de identificación y firma establecidos previstos en el presente real decreto-ley y de conformidad con la misma. A tal efecto, los Consejos Generales o Superiores profesionales correspondientes deberán poner a disposición de los órganos judiciales, oficinas judiciales y oficinas fiscales los protocolos y sistemas de interconexión que permitan el acceso necesario por medios electrónicos al registro de profesionales colegiados ejercientes previsto en el artículo 10 de la Ley 2/1974, de 13 de febrero, sobre Colegios Profesionales, garantizando que en él consten sus datos profesionales, tales como nombre y apellidos de los y las profesionales colegiados, número de colegiación, títulos oficiales de los que estén en posesión, domicilio profesional y situación de habilitación profesional, y, en el caso de las sociedades profesionales, la denominación social de la misma, así como los datos de los socios otorgantes y de los y las profesionales que actúan en su seno».

**A TENER EN CUENTA.** El Comité Técnico Estatal de la Administración Judicial Electrónica ha desarrollado una Guía de Interoperabilidad y Seguridad de Autenticación, Certificados y Firma Electrónica, si bien hay que tener en cuenta que la misma es de 2015, y, por tanto, anterior a la regulación introducida por el Real Decreto-ley 6/2023, de 19 de diciembre.

## Las disposiciones comunes de los sistemas de identificación y firma

El Real Decreto-ley 6/2023, de 19 de diciembre, en cuanto la identificación en las actuaciones procesales y judiciales contiene una remisión expresa al artículo 9 de la Ley 39/2015, de 1 de octubre, del Procedimiento Administrativo Común de las Administraciones Públicas, al Reglamento (UE) n.º 910/2014 del Parlamento Europeo y del Consejo, de 23 de julio de 2014, y a la Ley 6/2020, de 11 de noviembre, reguladora de determinados aspectos de los servicios electrónicos de confianza. Además, la norma también incluye dos aclaraciones, ya que deja a salvo el reconocimiento de los sistemas de identificación de otros países con los que la Administración de Justicia haya llegado a un acuerdo, en el marco de lo establecido por la Comisión Europea, y establece que podrán habilitarse otros sistemas de identificación digital por vía reglamentaria.

**CUESTIÓN**

**¿Qué sistemas de identificación recoge el art. 9 de la LPAC para identificarse electrónicamente ante las Administraciones públicas?**

El art. 9 de la LPAC dispone que los sistemas a través de los cuales podrán identificarse los interesados ante las Administraciones públicas son:

*«(...) a) Sistemas basados en certificados electrónicos cualificados de firma electrónica expedidos por prestadores incluidos en la "Lista de confianza de prestadores de servicios de certificación".*

*b) Sistemas basados en certificados electrónicos cualificados de sello electrónico expedidos por prestadores incluidos en la "Lista de confianza de prestadores de servicios de certificación".*

*c) Cualquier otro sistema que las Administraciones públicas consideren válido en los términos y condiciones que se establezca, siempre que cuenten con un registro previo como usuario que permita garantizar su identidad y previa comunicación a la Secretaría General de Administración Digital del Ministerio de Asuntos Económicos y Transformación Digital. Esta comunicación vendrá acompañada de una declaración responsable de que se cumple con todos los requisitos establecidos en la normativa vigente. De forma previa a la eficacia jurídica del sistema, habrán de transcurrir dos meses desde dicha comunicación, durante los cuales el órgano estatal competente por motivos de seguridad pública podrá acudir a la vía jurisdiccional, previo informe vinculante de la Secretaría de Estado de Seguridad, que deberá emitir en el plazo de diez días desde su solicitud.*

*Las Administraciones Públicas deberán garantizar que la utilización de uno de los sistemas previstos en las letras a) y b) sea posible para todo procedimiento, aun cuando se admita para ese mismo procedimiento alguno de los previstos en la letra c)».*

Sobre los sistemas de firma admitidos por la Administración de Justicia, el art. 20 del Real Decreto-ley 6/2023, de 19 de abril, también contiene una remisión a lo dispuesto en el artículo 10 de la Ley 39/2015, de 1 de octubre, en el Reglamento (UE) n.º 910/2014 del Parlamento Europeo y del Consejo, de 23 de julio de 2014, y en la Ley 6/2020, de 11 de noviembre.

**CUESTIÓN**

**¿Qué sistemas de firma recoge el art. 10 de la LPAC cuando los interesados opten por relacionarse con las Administraciones Públicas a través de medios electrónicos?**

En estos casos se considerarán válidos a efectos de firma los siguientes sistemas:

*«(...) a) Sistemas de firma electrónica cualificada y avanzada basados en certificados electrónicos cualificados de firma electrónica expedidos por prestadores incluidos en la "Lista de confianza de prestadores de servicios de certificación".*

*b) Sistemas de sello electrónico cualificado y de sello electrónico avanzado basados en certificados electrónicos cualificados de sello electrónico expedidos por prestador incluido en la "Lista de confianza de prestadores de servicios de certificación".*

*c) Cualquier otro sistema que las Administraciones públicas consideren válido en los términos y condiciones que se establezca, siempre que cuenten con un registro previo como usuario que permita garantizar su identidad y previa comunicación a la Secretaría General de Administración Digital del Ministerio de Asuntos Económicos y Transformación Digital. Esta comunicación vendrá acompañada de una declaración responsable de que se cumple con todos los requisitos establecidos en la normativa vigente. De forma previa a la eficacia jurídica del sistema, habrán de transcurrir dos meses desde dicha comunicación, durante los cuales el órgano estatal competente por motivos de seguridad pública podrá acudir a la vía jurisdiccional, previo informe vinculante de la Secretaría de Estado de Seguridad, que deberá emitir en el plazo de diez días desde su solicitud.*

*Las Administraciones Públicas deberán garantizar que la utilización de uno de los sistemas previstos en las letras a) y b) sea posible para todos los procedimientos en todos sus trámites, aun cuando adicionalmente se permita alguno de los previstos al amparo de lo dispuesto en la letra c)».*

La Administración de Justicia podrá admitir los sistemas de identificación contemplados en el Real Decreto-ley 6/2023, de 19 de diciembre, como sistemas de firma cuando permitan acreditar tanto la autenticidad de la expresión de la voluntad, como el consentimiento de aquellos que se relacionan con la Administración de Justicia.

Es importante destacar que en los casos en los que se utilice un sistema de firma de los previstos en el Real Decreto-ley 6/2023, de 19 de diciembre, para relacionarse con la Administración de Justicia, se entenderá que la identidad ya está acreditada mediante el propio acto de la firma.

En cuanto a los sistemas de firma que pueden utilizar las personas jurídicas y las entidades sin personalidad jurídica, la norma recoge que podrán utilizar aquellos sistemas de firma electrónica con atributo de representante para todos los procedimientos y actuaciones ante la Administración de Justicia, cuando sea conforme con las leyes procesales.

La firma electrónica será requerida por la Administración de Justicia en aquellos casos en los que los órganos judiciales requieran firma conforme a las leyes procesales, y sin perjuicio de lo establecido en el art. 29.1 del Real Decreto-ley. En el resto de los supuestos, ya sea para realizar actuaciones, o para acceder a servicios ante la Administración de Justicia, será suficiente con acreditar previamente la identidad mediante los medios de identificación previstos en el Real Decreto-ley 6/2023, de 19 de diciembre.

**CUESTIÓN**

**En el caso de sustitución entre profesionales, ¿cómo pueden acceder los profesionales sustitutos?**

El Real Decreto-ley 6/2023, de 19 de diciembre, no regula directamente esta posibilidad, si no que establece que, en el ámbito de la Administración de Justicia, el régimen de acceso a los servicios electrónicos para los supuestos de sustitución entre profesionales, así como para la habilitación de sus empleados, se regulará por la respectiva Administración competente mediante disposiciones reglamentarias.

El hecho de que se utilice firma electrónica no excluye la obligación de incluir en el documento o comunicación electrónica los datos de identificación que sean necesarios de conformidad con la legislación vigente.

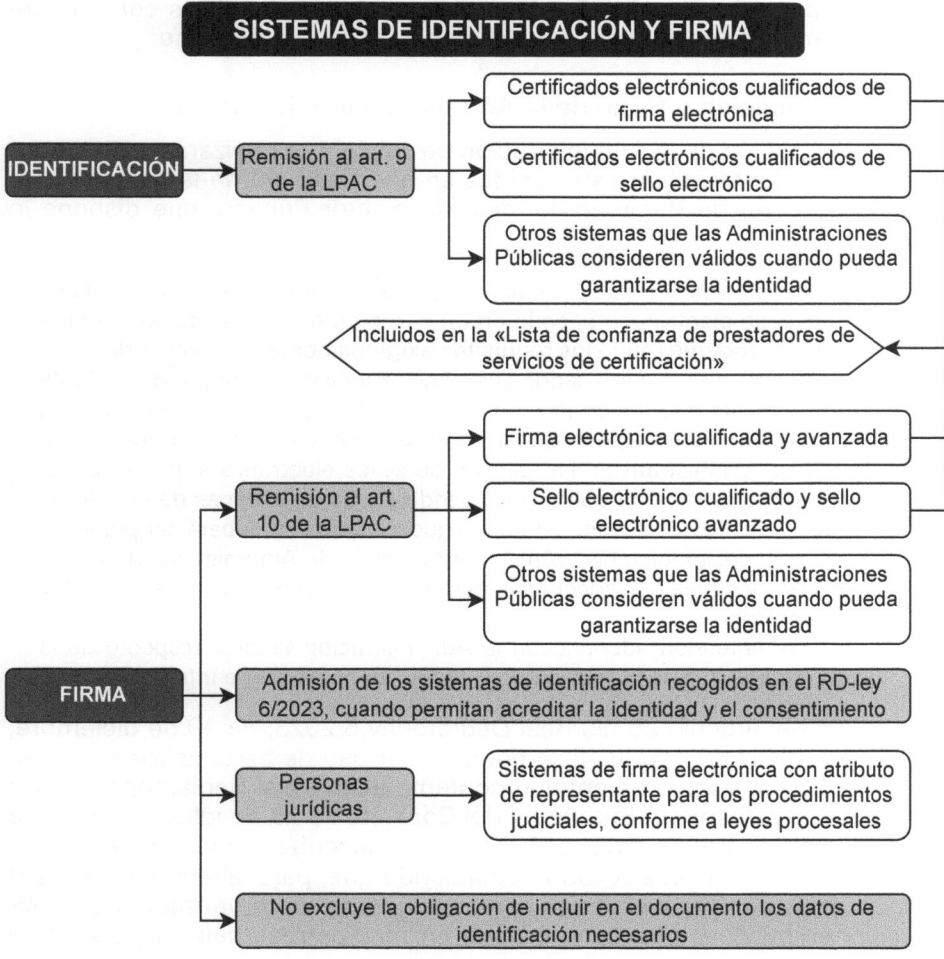

El art. 23 del Real Decreto-ley 6/2023, de 19 de diciembre, está dedicado a la **identificación segura en las videoconferencias**, y señala que cuando el que dirija las actuaciones y procedimientos judiciales llevados a cabo por videoconferencia (juez/a o tribunal, representante del Ministerio fiscal o LAJ), o en su caso el personal al servicio de la Administración de Justicia que en ausencia de estos atienda la actuación, o preste el servicio presencial, lo determine podrá utilizarse un sistema de información para la identificación y firma no criptográfica, respetando los términos y condiciones de uso establecidos en la regulación sobre identificación digital.

Añade el segundo apartado del art. 23 del Real Decreto-ley 6/2023, de 19 de diciembre que: «El sistema servirá para acreditar ante cualquier órgano u oficina judicial o fiscal la identificación electrónica en el procedimiento judicial».

Finaliza el artículo con un apartado tercero en el que se contiene un mandato al Ministerio de la Presidencia, Justicia y Relaciones con las Cortes, para que posibilite la prestación de un servicio ajustado a las características que recoge el mentado artículo 23 a las administraciones públicas con competencias en materia de Justicia que decidan hacer uso del mismo.

## ‖ Identificación y firma de la Administración de Justicia

La identificación de la Administración de Justicia se realizará mediante los sistemas de identificación establecidos en el artículo 40 de la Ley 40/2015, de 1 de octubre, de Régimen Jurídico del Sector Público, que dispone lo siguiente:

> «1. Las Administraciones Públicas podrán identificarse mediante el uso de un **sello electrónico basado en un certificado electrónico reconocido o cualificado que reúna los requisitos exigidos por la legislación de firma electrónica**. Estos certificados electrónicos incluirán el número de identificación fiscal y la denominación correspondiente, así como, en su caso, la identidad de la persona titular en el caso de los sellos electrónicos de órganos administrativos. La relación de sellos electrónicos utilizados por cada Administración Pública, incluyendo las características de los certificados electrónicos y los prestadores que los expiden, deberá ser pública y accesible por medios electrónicos. Además, cada Administración Pública adoptará las medidas adecuadas para facilitar la verificación de sus sellos electrónicos.
>
> 2. Se entenderá identificada la Administración Pública respecto de la información que se publique como propia en su portal de internet».

Especifica el artículo 25 del Real Decreto-ley 6/2023, de 19 de diciembre, que la Administración de Justicia podrá hacer uso de certificados cualificados de sello electrónico de entidad contemplados en el Reglamento UE n.º 910/2014 del Parlamento Europeo y del Consejo, de 23 de julio, asociados a la sede judicial o a otros órganos a los que se adscriba la sede, para generar documentos electrónicos sellados. Añadiendo que, para la identificación del ejercicio de la competencia en la actuación judicial automatizada, las administraciones públicas con competencia en medios materiales y personales de la Administración de Justicia podrán hacer uso de dos sistemas de firma electrónica:

1. Certificados cualificados de sello electrónico de Administración Pública, de acuerdo con lo dispuesto en el artículo 42 de la Ley 40/2015, de 1 de octubre, o conforme a lo previsto en el Reglamento (UE) n.º 910/2014 del Parlamento Europeo y del Consejo, de 23 de julio de 2014.

2. Sistemas de Código Seguro de Verificación.

**CUESTIÓN**

**¿Qué información debe incluir el uso de los mentados certificados?**

Deberá incluir la información necesaria para determinar el ámbito organizativo, territorial o de la propia naturaleza de la actuación (art. 25.3 del Real Decreto-ley 6/2023, de 19 de diciembre).

Con relación a **los sistemas de Código Seguro de Verificación**, el Real Decreto-ley 6/2023, de 19 de diciembre, establece, en su art. 26, que las administraciones públicas que tengan competencias en medios materiales y personales de la Administración de Justicia podrán gestionar sistemas de Código Seguro de Verificación que permitan el cotejo de la autenticidad e integridad del documento cuando figuren en un documento electrónico o en su versión impresa.

El cotejo de los documentos con Código Seguro de Verificación se realizará en la sede judicial electrónica que corresponda al órgano que emitió el documento. Hay que recalcar que la inclusión de Códigos Seguros de Verificación en los documentos se acompañará de la dirección electrónica en la que poder realizar el cotejo.

**CUESTIONES**

**1. ¿Cómo podrá cotejarse la autenticidad de un documento judicial electrónico que incluya un Código Seguro de Verificación?**

Según establece la Guía de Interoperabilidad y Seguridad de Autenticación, Certificados y Firma Electrónica del CTEAJE: «Cuando los documentos judiciales electrónicos incluyan un Código Seguro de Verificación, su autenticidad podrá cotejarse en la sede o subsede judicial electrónica del órgano que lo expidió, en virtud de las medidas de seguridad empleadas para su custodia. Al acceder, en la sede o subsede judicial electrónica, al documento referenciado por el Código Seguro de Verificación, se obtendrá el documento judicial electrónico que incluirá, en su caso, las firmas electrónicas que correspondan. Los documentos judiciales electrónicos que se impriman serán válidos en su forma impresa siempre que puedan cotejarse de la manera indicada».

Hay que tener en cuenta que esta guía es de 2015, es decir, anterior al Real Decreto-ley 6/2023, de 19 de diciembre.

**2. ¿Durante cuánto tiempo se podrán cotejar estos documentos?**

Salvo que una norma procesal establezca otra cosa, la posibilidad de cotejar los documentos se garantizará al menos por 5 años tras el archivo de las actuaciones y, en el caso de las sentencias, por 15 años desde que sean firmes.

Cuando existan razones de protección de la información, será posible establecer requisitos restrictivos de identificación o similares sobre algunos documentos, para evitar que sean accesibles únicamente por su Código Seguro de Verificación.

También se establece la posibilidad de que se habiliten mecanismos que ofrezcan el documento en una versión anonimizada, señalando también el art. 26.5 del Real Decreto-ley 6/2023, de 19 de diciembre, que los documentos electrónicos podrán contener medidas de seguridad que permitan detectar la persona concreta que hubiera difundido un documento de forma no autorizada, poniendo como ejemplo marcas de agua, sistemas anticopia o versiones personalizadas de documentos.

La identificación y autenticación del órgano u oficina fiscal, cuando utilice medios electrónicos, se realizará mediante firma electrónica del titular del órgano u oficina o funcionario público, siempre y cuando el Real Decreto-ley 6/2023, de 19 de diciembre, no disponga otra cosa.

Será el CTEAJE el que determine los sistemas de firma que pueden utilizar tanto los fiscales, como los LAJ y demás personal al servicio de la Administración de Justicia, y que podrán identificar de forma conjunta al titular y al cargo. Por otra parte, será el Consejo General del Poder Judicial el que determine los sistemas de firma electrónica de jueces y magistrados, pudiendo llevar a cabo convenios para que el proveedor sea la Administración competente.

Quienes tengan atribuida la defensa y representación del Estado y del sector público, serán dotados de sistemas de firma electrónica, por las administraciones públicas en el ámbito de sus competencias.

## Interoperabilidad, identificación y representación de los ciudadanos y ciudadanas

Regula el art. 28 del Real Decreto-ley 6/2023, de 19 de diciembre, que: «Sin perjuicio de la obligación de firma electrónica prevista en el artículo 27.1 de este real decreto-ley para todos los casos en que proceda conforme a las leyes procesales, **la Administración de Justicia admitirá todos los sistemas de firma e identificación electrónica incluidos en la lista publicada por la Comisión Europea** en el «Diario Oficial de la Unión Europea» a la que se refiere el apartado 2 del artículo 9 del Reglamento (UE) n.º 910/2014 del Parlamento Europeo y del Consejo, de 23 de julio de 2014».

A continuación, el art. 29 establece la posibilidad de que la identificación y autenticación pueda ser válidamente realizada por personal funcionario público habilitado al efecto, mediante el uso del sistema de firma electrónica del que esté dotado, **cuando se requiera la identificación del ciudadano para cualquier actuación por medios electrónicos, y no dispongan de tales medios.** Para ello el ciudadano deberá identificarse y prestar su consentimiento expreso, debiendo quedar constancia de ello para los casos de discrepancia o litigio.

**CUESTIÓN**

**¿Cómo puede obtenerse esa constancia?**

El Real Decreto-ley 6/2023, de 19 de diciembre, dispone en su art. 29.3 que: «Si la constancia se obtiene utilizando una firma, esta podrá ser manuscrita, bien en papel, bien utilizando dispositivos técnicos idóneos para su captura que gestionen la firma con medidas de seguridad equivalentes a la firma avanzada definida en el Reglamento (UE) n.º 910/2014 del Parlamento Europeo y del Consejo, de 23 de julio de 2014, y según lo establecido en la Guía de Interoperabilidad y Seguridad de Autenticación, Certificados y Firma Electrónica aprobada por el Comité técnico estatal de la Administración judicial electrónica».

La norma de referencia también regula el intercambio electrónico de datos en entornos cerrados de comunicación, estableciendo que los documentos electrónicos transmitidos en entornos cerrados de comunicaciones entre administraciones con competencias en materia de Justicia, órganos y entidades de derecho público serán considerados válidos a efectos de autenticación e identificación de los emisores y receptores, diferenciando dos supuestos:

– Cuando los participantes en las comunicaciones pertenezcan a la Administración de Justicia, en cuyo caso el CTEAJE deberá determinar las condiciones y garantías por las que se regirán, señalando como mínimo la relación de emisores y receptores autorizados y la naturaleza de los datos a intercambiar.

– Cuando los participantes pertenezcan a distintas administraciones o a entidades de derecho público. En este caso las condiciones y garantías por las que se regirán deberán establecerse mediante convenios.

La seguridad del entorno cerrado de comunicaciones y la protección de los datos que se transmitan deberá garantizarse en cualquiera de los dos supuestos.

# 4.
# LA TRAMITACIÓN ELECTRÓNICA DE LOS PROCEDIMIENTOS JUDICIALES

## Disposiciones generales de la tramitación electrónica

El Real Decreto-ley 6/2023, de 19 de diciembre, en el título III del libro primero, establece la tramitación electrónica de los procedimientos judiciales. Para lograr esta tramitación electrónica íntegra de los procedimientos los sistemas de información y comunicación **permitirán conservar traza de cualquier acceso, creación, modificación o borrado de información** del ámbito jurisdiccional para todo el personal interviniente.

El principio general que rige en esta materia es la **orientación al dato**. La gestión de los datos facilitará la interoperabilidad de los sistemas, la búsqueda y análisis de los datos, la anonimización y seudonimización, la elaboración de cuadros de mando, la gestión de documentos y su transformación, la publicación de información en portales de datos abiertos, la producción de actuaciones automatizadas, asistidas y proactivas, la utilización de sistemas de inteligencia artificial para la elaboración de políticas públicas, y la transmisión de los datos conforme a lo que se determine.

El Real Decreto-ley establece una serie de actuaciones que **deben quedar registradas en los sistemas de información y comunicación** empleados por la Administración de Justicia, debiendo registrar, al menos, las siguientes actuaciones de tratamiento.

- Recogida.
- Alteración.
- Consulta.
- Comunicación, incluidas las transferencias.
- Combinación o supresión.

A TENER EN CUENTA. El art. 31.1 del Real Decreto-ley 6/2023, de 19 de diciembre, señala el mínimo de actuaciones que deben registrarse, pero es posible que también se registren otras actividades distintas a las previstas en el precepto.

En la conservación de los registros por medio de los sistemas de información y comunicación de la Administración de Justicia deberá **cumplirse en todo caso la normativa relativa a la protección de datos.**

---

**CUESTIÓN**

**¿Qué información deben aportar estos registros?**

Los registros harán posible determinar:

– La justificación.

– Fecha y hora de las operaciones.

– Persona que realiza la consulta o comunicación de los datos personales.

– Identidad de los destinatarios de estos datos.

---

Este registro debe **hacerse aplicable a cualquier interacción con el sistema** lo que incluirá: al personal en labores de administración, mantenimiento y soporte de los sistemas de información o de inspección de los sistemas, así como a las actuaciones automatizadas y al personal de los centros de atención y soporte a usuarios de las administraciones públicas.

Todo acceso a los sistemas de información por los motivos señalados en el párrafo anterior o por cualquier otra finalidad extraña o ajena del acceso ordinario que se realice a los fines del ejercicio de la actividad jurisdiccional y de la tramitación de los procedimientos judiciales, así como de las actuaciones que se realicen en el ejercicio de la defensa técnica o de la representación procesal, requerirá de **autorización previa del letrado de la Administración de Justicia.**

El art. 31.4 del Real Decreto-ley 6/2023, de 19 de diciembre, establece que «Cualquier acceso a los sistemas de información por los órganos competentes dependientes del Consejo General del Poder Judicial, de la Fiscalía General del Estado y del Ministerio de la Presidencia, Justicia y Relaciones con las Cortes, requerirá la puesta en conocimiento de la Administración prestacional del servicio, que deberá facilitar el acceso para el cumplimiento de las funciones de inspección y control establecidas en las leyes y su normativa de desarrollo».

El art. 32 del Real Decreto-ley 6/2023, de 19 de diciembre, señala que la presentación de escritos y documentos, los actos de comunicación, la consulta de expedientes judiciales o de su estado de tramitación, así como cualesquiera otras actuaciones y todos los servicios prestados por la Administración de Justicia se llevarán a cabo por medios electrónicos. Estos medios también se emplearán para realizar:

– Las comunicaciones.

– El traslado de expedientes judiciales electrónicos, documentos y datos.

– Todo intercambio de información, entre órganos y oficinas judiciales y fiscales y demás órganos, administraciones e instituciones.

---

**A TENER EN CUENTA.** Las personas físicas que no actúen representadas por procurador quedan exceptuadas de emplear los medios electrónicos, pudiendo elegir en todo momento si optan por su utilización. Lo anterior se entiende sin perjuicio de que hay supuestos en los que expresamente puedan estar obligadas a relacionarse a través de tales medios.

---

En cualquier caso, **la gestión electrónica de los procedimientos judiciales respetará el cumplimiento de los requisitos formales y materiales establecidos en las normas procesales.** Con este fin las aplicaciones y sistemas de información utilizados para la gestión por medios electrónicos de los procedimientos deberán garantizar:

– Control de los tiempos y plazos.

– Identificación del órgano u oficina responsable del procedimiento.

– Tramitación ordenada de los expedientes.

– Facilitarán la simplificación y publicidad de los procedimientos.

---

**CUESTIÓN**

**¿Cómo se realiza la remisión de expedientes administrativos?**

La remisión de expedientes administrativos por las distintas Administraciones y organismos públicos se realizará a través de las herramientas de remisión telemática de expedientes administrativos puestas a su disposición.

---

# 4.1. El inicio del procedimiento

## Inicio del procedimiento por medios electrónicos

En la iniciación del procedimiento debemos distinguir entre los procesos que se inician por un profesional y aquellos en los que es el propio ciudadano el que inicie el procedimiento. Esta distinción nace de la exención prevista en el art. 32.1 del Real Decreto-ley 6/2023, de 19 de diciembre, relativa al uso de los medios electrónicos por las personas físicas, que establece:

«(...) Se exceptúa de lo anterior a las personas físicas que, conforme a las leyes procesales, no actúen representadas por Procurador. En estos casos, las personas físicas podrán elegir, en todo momento, si se comunican con la Administración de Justicia a través de medios electrónicos o no, salvo en aquellos supuestos en los que expresamente estén obligadas a relacionarse a través de tales medios».

Es por ello que el art. 33 del Real Decreto-ley 6/2023, de 19 de diciembre, al regular el inicio del procedimiento por medios electrónicos, señala la **obligación de presentar la demanda, así como otros escritos, por vía telemática respecto a los profesionales**. Así mismo señala que éstos en el escrito principal emplearán la firma digital que se establece en el propio Real Decreto-ley.

Sin embargo, en los casos en que sea el **ciudadano quien da inicio al procedimiento** podrá hacerlo por dos vías:

– **Por medios electrónicos**. En este caso se pondrán a disposición de los interesados, en la sede judicial electrónica, los correspondientes modelos o impresos normalizados. Estos documentos deben ser accesibles sin otras restricciones tecnológicas que las estrictamente derivadas de la utilización de estándares y criterios de comunicación y seguridad aplicables de acuerdo con las normas y protocolos nacionales e internacionales.

– **Presentación en papel.** Si el ciudadano opta por la presentación en papel se procederá a su digitalización por la sección correspondiente del servicio común procesal que tenga atribuidas dichas funciones.

> **A TENER EN CUENTA.** Todo escrito iniciador del procedimiento deberá ir acompañado de un formulario normalizado debidamente cumplimentado en los términos que se establezcan por el Comité técnico estatal de la Administración judicial electrónica (art. 33.4 del Real Decreto-ley 6/2023, de 19 de diciembre). Dicho formulario según indica la página del CTEAJE se encuentra en elaboración.

## ‖ Tramitación orientada al dato

Los sistemas de información y comunicación asegurarán la entrada, incorporación y tratamiento de la información en forma de metadatos, conforme a esquemas comunes, y en modelos de datos comunes e interoperables que posibiliten, simplifiquen y favorezcan los siguientes fines:

– La interoperabilidad de los sistemas informáticos a disposición de la Administración de Justicia.
– La tramitación electrónica de procedimientos judiciales.
– La búsqueda y análisis de datos y documentos para fines jurisdiccionales y organizativos.
– La búsqueda y análisis de datos para fines de estadística.
– La anonimización y seudonimización de datos y documentos.
– El uso de datos a través de cuadros de mandos o herramientas similares, por cada Administración Pública en el marco de sus competencias.
– La gestión de documentos.
– La autodocumentación y la transformación de los documentos.
– La publicación de información en portales de datos abiertos.
– La producción de actuaciones judiciales y procesales automatizadas, asistidas y proactivas, de conformidad con la ley.
– La aplicación de técnicas de inteligencia artificial para los fines anteriores u otros que sirvan de apoyo a la función jurisdiccional, a la tramitación, en su caso, de procedimientos judiciales, y a la definición y ejecución de políticas públicas relativas a la Administración de Justicia.
– La transmisión de datos entre órganos judiciales, administraciones públicas y asimismo con los ciudadanos y ciudadanas o personas jurídicas, de acuerdo con la ley.
– Cualquier otra finalidad legítima de interés para la Administración de Justicia.

Los sistemas informáticos y de comunicación **posibilitarán el intercambio de información** entre órganos judiciales, así como con las partes o interesados, en formato de datos estructurados. Esta **transmisión en modelos y**

**estándares de datos** asegurarán, en todo caso, su confiabilidad, su posible automatización y la integración en el expediente judicial electrónico para su visualización por el usuario.

El art. 36 del Real Decreto-ley 6/2023, de 19 de diciembre, prevé la creación de una **plataforma de interoperabilidad de datos** a través de la cual las Administraciones públicas con competencias en materia de Administración de Justicia puedan intercambiar y utilizar la información.

Con el fin de agilizar los procesos judiciales y de una mayor eficiencia procesal, las Administraciones impulsarán los intercambios a través de la plataforma de interoperabilidad. Para ello desarrollarán las actuaciones oportunas, entre las que podrá estar la suscripción de convenios con entidades de derecho público o sujetos de derecho privado.

> **A TENER EN CUENTA.** La plataforma de interoperabilidad de datos deberá ser plenamente interoperable con la Plataforma de Intermediación de Datos de la Administración General del Estado, cuando los datos sean necesarios para la tramitación de alguna administración.

Así mismo, el art. 37 del Real Decreto-ley 6/2023, de 19 de diciembre, establece que la Administración de Justicia dispondrá de **sistemas de intercambio masivo de información**. Estos sistemas podrán estar sujetos a condiciones especiales de servicio, incluso horarias, a fin de evitar la saturación del sistema o por otras razones de eficiencia tecnológica.

> **CUESTIÓN**
>
> **El uso de los sistemas de intercambio masivo, ¿es obligatorio?**
>
> Para determinar la obligatoriedad de su uso debemos diferenciar:
>
> – El uso será voluntario para las personas físicas.
>
> – Será obligatorio para:
>
>   o Personas jurídicas.
>
>   o Entidades sin personalidad jurídica a las que la ley reconozca capacidad para ser parte.
>
>   o Colectivos de personas físicas.
>
>   o Profesionales de la abogacía, procura y graduados sociales.

# 4.2. El documento judicial electrónico y la presentación de documentos

## Documento judicial electrónico

En este punto es preciso delimitar algunos conceptos esenciales:

– **Documento judicial electrónico**: tendrá la consideración de documento judicial electrónico la información de cualquier naturaleza en forma electrónica, archivada en un soporte electrónico, según un formato determinado y susceptible de identificación y tratamiento diferenciado admitido en el Esquema Judicial de Interoperabilidad y Seguridad y en las normas que lo desarrollan, y que haya sido generada, recibida o incorporada al expediente judicial electrónico por la Administración de Justicia en el ejercicio de sus funciones, con arreglo a las leyes procesales.

– **Documento público**: tendrá esta consideración el documento judicial electrónico que incorpore la firma electrónica del letrado de la Administración de Justicia, siempre que se produzca en el ámbito de las competencias que tuviesen asumidas conforme a las leyes procesales.

– **Documento original**: documentos judiciales electrónicos emanados de los sistemas de gestión procesal y provistos de firma electrónica, así como los correspondientes a los escritos iniciadores o de trámite presentados por las partes e interesados, una vez hayan sido incorporados al expediente judicial electrónico. También tendrán esta consideración las resoluciones judiciales o administrativas que hubiesen sido firmadas electrónicamente por la autoridad competente para su emisión a través de cualquiera de los sistemas legalmente establecidos, incluyendo los basados en Código Seguro de Verificación (CSV).

– **Copias auténticas**: las emitidas cualquiera que sea su soporte o cambio de formato que se produzca, bajo la firma del letrado de la Administración de Justicia y las que se obtengan mediante actuaciones automatizadas siempre que estén provistas de sello electrónico y concurran:

  • Documento electrónico original que se encuentre en el expediente judicial electrónico.

  • La información de firma electrónica, o sello electrónico cualificado, así como su contenido, que permitan comprobar la coincidencia con dicho documento.

También tienen la consideración de copias auténticas los documentos electrónicos generados por la oficina judicial sobre documentos en soporte papel que consten en archivos judiciales y la digitalización de los documentos en papel presentados por quienes no están obligados a relacionarse con la Administración de Justicia por medios electrónicos.

**CUESTIONES**

**1. ¿Cómo se expiden las copias auténticas?**

Las copias auténticas conforme establece el art. 40.5 del Real Decreto-ley 6/2023, de 19 de diciembre, se expedirán siempre a partir de un original o de otra copia auténtica. Esta obtención podrá hacerse de forma automatizada mediante el correspondiente sello electrónico y, en caso, de que se alterase el formato original, deberá incluirse en los metadatos la condición de copia.

**2. ¿Qué validez tienen las copias auténticas?**

Las copias auténticas tienen el mismo valor y eficacia que los documentos originales

La **autenticidad e integridad de los documentos judiciales electrónicos se verificará**, preferiblemente **por medios criptográficos automatizados, aunque también serán válidos los sistemas basados en Código Seguro de Verificación** que permitan comprobar la autenticidad de la copia mediante el acceso a los archivos electrónicos de la oficina judicial emisora.

> **A TENER EN CUENTA.** En las sedes judiciales se harán públicas las direcciones de comprobación de los CSV.

Tan solo se posibilita la **impresión y expedición de documento en formato papel** cuando el letrado de la Administración de Justicia, teniendo en cuenta las circunstancias concurrentes, acuerde su expedición. También pueden emitirse en formato papel cuando lo solicite una persona de las que no está obligada a relacionarse con la Administración de Justicia por medios electrónicos. En estos casos el documento generado **tendrá la consideración de original, siempre que contenga el CSV** para garantizar su autenticidad e integridad.

Es posible emitir copias en las que por medio de métodos electrónicos automatizados únicamente se reproducen extractos del contenido del documento origen lo que permite mantener la confidencialidad de aquellos datos que se determinen, este tipo de documentos se denominan copias anonimizadas.

## Presentación de los documentos

La presentación de los documentos por las partes o intervinientes se hará **en formato electrónico, a salvo las personas que no están obligadas a relacionarse a través de medios electrónicos**. En la presentación de los documentos se garantizará la obtención de recibo de su presentación en el que constará el contenido, la fecha y la hora. En la presentación deberá constar necesariamente:

– La identidad de la persona que lo presente.

– El órgano judicial u oficina fiscal a los que va dirigido.

– El tipo y número de procedimiento al que se deba incorporar, en su caso.

– La fecha de presentación.

La **conservación** de los documentos presentados electrónicamente deberá hacerse en un **formato que permita garantizar la autenticidad, integridad y conservación del documento**, así como su consulta, con independencia del tiempo que haya transcurrido desde su emisión. En todo caso, se asegurará la posibilidad de trasladar los datos a otros formatos y soportes que garanticen el acceso desde diferentes aplicaciones.

> **A TENER EN CUENTA.** La eliminación de los documentos deberá hacerse de acuerdo con la normativa aplicable sobre archivos judiciales.

En caso de que se planteen **dudas sobre la integridad de los documentos** o con relación a la calidad de la copia, la oficina judicial podrá requerir a quien lo ha presentado para que exhiba el documento o la información original, con el fin de proceder a su examen y evaluar la procedencia de la incorporación al expediente judicial electrónico. En caso de impugnación deberá procederse conforme a lo establecido en las leyes procesales.

Cuando el procedimiento requiere que se dé traslado de las copias de la documentación presentada a las partes se presentarán en formato digital. Si estamos ante un traslado de copias entre profesionales, este se realizará por vía telemática de forma simultánea a la presentación telemática de escritos y documentos originales ante el tribunal, oficina judicial u oficina fiscal correspondiente (art. 44 del Real Decreto-ley 6/2023, de 19 de diciembre). En estos traslados los profesionales podrán servirse de códigos de almacenamiento que garanticen la identidad, integridad e invariabilidad del contenido, lo cual será responsabilidad del profesional que lo presenta.

En las **actuaciones realizadas con intervención telemática de uno o varios intervinientes,** y servicios no presenciales, las partes podrán presentar y visualizar la documentación con independencia de si su intervención se realiza por vía telemática o presencial. A tal fin, los intervinientes por vía telemática que quieran presentar documentación en el mismo acto deberán presentarla por la misma vía, incluso en los casos en los que por regla general no estén obligados a relacionarse con la Administración de Justicia por medios electrónicos, y siempre de conformidad con las normas procesales. En caso de que la **parte no pueda remitir la documentación** en esta forma, deberá justificar esta circunstancia y ponerlo en conocimiento del órgano judicial de manera previa a la vista o actuación, a fin de que éste disponga lo que proceda.

> **CUESTIÓN**
>
> **¿Qué comprende la información sobre el estado de tramitación?**
>
> La información sobre el estado de tramitación del procedimiento comprenderá la relación de actos de trámite realizados, con indicación de su contenido, así como la fecha en la que fueron dictadas las resoluciones (art. 46.2 del Real Decreto-ley 6/2023, de 19 de diciembre).

## ‖ Presentación de documentos en papel

Podrá presentar documentos en papel la **parte que no venga obligada a relacionarse electrónicamente con la Administración de Justicia.** En estos casos los documentos deberán digitalizarse por la oficina judicial e incorporarse al expediente judicial electrónico. En el caso de documentos que se encuentren en otros formatos distintos del papel deberán presentarse en formato compatible para su incorporación al expediente judicial electrónico.

> **CUESTIÓN**
>
> **¿Qué ocurre si el documento no puede digitalizarse?**
>
> En caso de que el documento no pueda digitalizarse debido a razones históricas, de protección del patrimonio u otras razones, o cuando su conservación así lo aconseje a juicio del letrado o letrada de la Administración de Justicia, se presentará en el formato original y se conservará por la oficina judicial en la forma que establezca la ley (art. 43.3 del Real Decreto-ley 6/2023, de 19 de diciembre).

Para la presentación de estos documentos la persona interesada deberá hacer llegar la documentación al órgano judicial u oficina fiscal en la forma que establezcan las normas procesales. Así mismo, deberá hacer referencia a los datos identificativos del envío electrónico al que no pudo ser adjuntado, presentando el original ante el órgano judicial en el día hábil siguiente a aquel en que se hubiera efectuado el envío electrónico del escrito, que deberá acompañar en todo caso. Si no se presentara en ese plazo, el documento se tendrá por no presentado a todos los efectos.

> **A TENER EN CUENTA.** Mediante diligencia el letrado de la Administración de Justicia dejará constancia de la existencia de documentos en formato no electrónico.

Los documentos presentados que **no deban ser conservados serán devueltos a la persona que los hubiere presentado inmediatamente después de su digitalización**. En caso de que no sea posible, se les dará el destino previsto en la normativa correspondiente sobre archivos judiciales y sin perjuicio de lo previsto en el art 82.1 del Real Decreto-ley 6/2023, de 19 de diciembre, que regula las condiciones y licencias de reutilización.

# 4.3. Expediente judicial electrónico

Podemos definir el expediente judicial electrónico como el **conjunto ordenado de datos, documentos, trámites y actuaciones electrónicas, así como de grabaciones audiovisuales, correspondientes a un procedimiento judicial**, cualquiera que sea el tipo de información que contengan y el formato en el que se hayan generado.

A cada expediente judicial electrónico se le asignará un **número de identificación general (NIG)**. Este número será único e **inalterable** a lo largo de todo el proceso, permitiendo su identificación unívoca por cualquier tribunal u oficina del ámbito judicial en un entorno de intercambio de datos.

Así mismo el expediente judicial **debe tener un índice electrónico**, el cual estará firmado por la oficina judicial o mediante procesos automatizados. La finalidad de este índice es garantizar la integridad del expediente judicial electrónico y permitir su recuperación siempre que sea preciso.

> **CUESTIÓN**
>
> **¿Es posible que un documento forme parte de distintos expedientes judiciales electrónicos?**
>
> Sí, el art. 47.3 *in fine* del Real Decreto-ley 6/2023, de 19 de diciembre, señala que es admisible que un mismo documento forme parte de distintos expedientes judiciales electrónicos.

La **puesta a disposición del expediente judicial electrónico reemplaza a la remisión de expedientes**. Esta disponibilidad permite que todos aquellos que tengan derecho conforme a lo dispuesto en las normas procesales, puedan obtener copia electrónica del expediente. Conforme establece el art. 17 del Real Decreto-ley 6/2023, de 19 de diciembre, el acceso al expediente judicial electrónico se hará a **través de la Carpeta Justicia**.

La existencia del expediente judicial electrónico también facilita la transmisión de información entre los diferentes órganos. Así por medio del Sistema

Común de Intercambio de documentos y expedientes judiciales electrónicos se posibilita la itineración de expedientes y la transmisión de documentos de una oficina u órgano judicial o fiscal a otro en los casos en los que corresponda por aplicación de las leyes procesales. Las Administraciones públicas con competencia en materias de Administración de Justicia asegurarán la interoperabilidad de los sistemas de gestión procesal con el Sistema Común de Intercambio de documentos y expediente.

# 4.4. Las comunicaciones electrónicas

Las comunicaciones en el ámbito de la Administración de Justicia **se practicarán por medios electrónicos**. Esta afirmación también se refiere a:

– Notificaciones.

– Emplazamientos.

– Citaciones.

– Requerimientos.

– Mandamientos.

– Oficios.

Las personas que no estén obligadas a relacionarse por medios electrónicos podrán elegir, la manera en que quieren comunicarse con la Administración de justicia y que las comunicaciones sucesivas se practiquen o dejen de practicarse por medios electrónicos. En las comunicaciones con personas no obligadas al uso de medios electrónicos que elijan no hacer uso de los mismos, los órganos, oficinas judiciales u oficinas fiscales llevarán a cabo las comunicaciones por otros medios. En el caso de que la persona opte por los medios electrónicos podrá identificar un dispositivo electrónico y, en su caso, una dirección de correo electrónico que servirán para el envío de información y de avisos de puestas a disposición de actos de comunicación.

> **CUESTIÓN**
>
> **¿Cuándo debe la persona escoger el medio por el que desea comunicarse con la Administración de Justicia?**
>
> No existe un momento concreto en el que la persona deba escoger el medio a través del cual comunicarse, pudiendo realizar la elección en cualquier momento.

Las comunicaciones que se realicen a través de medios electrónicos se realizarán, en todo caso, con sujeción a lo dispuesto en la legislación procesal y serán válidas siempre que exista constancia de:

– La transmisión y recepción.

– Fecha.

– Contenido íntegro de las comunicaciones.

– Identificación del remitente.

– Identificación del destinatario.

La **acreditación del acto de comunicación se incorporará al expediente judicial electrónico**.

Los actos a los que se refiere el art. 149 de la LEC que se lleven a cabo por medios electrónicos **se podrán practicar mediante comparecencia en la Carpeta Justicia o correspondiente sede judicial electrónica** a través de la dirección electrónica habilitada única prevista en la Ley 39/2015, de 1 de octubre, o **por otros medios electrónicos** que se establezcan reglamentariamente y garanticen el ejercicio de las facultades y derechos previstos en el Real Decreto-ley 6/2023, de 19 de diciembre.

**CUESTIÓN**

**¿Qué se entiende por comparecencia en la Carpeta Justicia?**

Por comparecencia en la Carpeta Justicia o en la sede judicial electrónica, se entiende el acceso por la persona interesada o su representante debidamente identificado al contenido del acto de comunicación.

En el supuesto de que el acto de comunicación no pueda llevarse a cabo por medios electrónicos se realizará en las demás formas establecidas en las leyes procesales. En estos casos se incorporará al expediente judicial electrónico la información acreditativa de la práctica del acto de comunicación.

**A TENER EN CUENTA.** Todos los actos de comunicación en papel que se deban practicar a la persona interesada que no esté obligada a relacionarse telemáticamente con la Administración de Justicia, deberán ser puestos a su disposición en la Carpeta Justicia, y en su caso en la correspondiente sede judicial electrónica, para que pueda acceder a su contenido de forma voluntaria y con plenos efectos.

Conforme establece el art. 52 del Real Decreto-ley 6/2023, de 19 de diciembre, las comunicaciones podrán realizarse **individualmente o de forma masiva**. Para las comunicaciones masivas debe tenerse en cuenta lo establecido en el art. 37 de la norma de referencia en cuanto a los intercambios masivos:

«1. La Administración de Justicia dispondrá de sistemas de intercambio masivo de información.

2. Los sistemas previstos en el apartado anterior podrán estar sujetos a condiciones especiales de servicio, incluso horarias, a fin de evitar la saturación de sistemas o por otras razones de eficiencia tecnológica, dentro de los términos que se definan en el Comité técnico estatal de la Administración judicial electrónica.

Las personas jurídicas, las entidades sin personalidad jurídica a las que la ley reconozca capacidad para ser parte y los colectivos de personas físicas, así como los y las profesionales de la Abogacía, Procura y Graduados y Graduadas Sociales, estarán obligados al uso de los sistemas a los que se refiere el apartado anterior en los casos y condiciones que se establezcan reglamentariamente o por normativa técnica.

3. El uso de los modelos y sistemas de presentación masiva será voluntario en el caso de personas físicas».

Las administraciones competentes en materia de justicia garantizarán la **existencia de un Punto Común de Actos de Comunicación**, en el que los profesionales puedan acceder a todos los actos de comunicación de los que sean destinatarios, con independencia del órgano judicial, oficina judicial u oficina fiscal que los haya emitido.

Este Punto Común de Actos de Comunicación interoperará en tiempo real y de manera automática con los sistemas de gestión procesal. Asimismo, interoperará con el sistema de intercambio de registros de la Administración pública con el objeto de canalizar las comunicaciones entre los órganos de la Administración General del Estado y los órganos judiciales, oficinas judiciales y oficinas fiscales.

Las Administraciones públicas con competencias en materias de Administración de Justicia definirán el tipo de comunicaciones o aviso de comunicación que podrán ser remitidos a través del sistema de intercambio de registros de la Administración pública, pudiendo mantener la sede judicial electrónica como punto preferente de acceso a la notificación.

El art. 54 del Real Decreto-ley, de 19 de diciembre, señala que la **publicación de resoluciones y actos de comunicación** que por disposición legal deban fijarse en tablón de anuncios, así como la publicación de los actos de comunicación procesal que deban ser objeto de inserción en el BOE o el boletín o diario oficial de la comunidad autónoma o de la provincia respectiva, será sustituida por la **publicación en el Tablón Edictal Judicial Único**. Las publicaciones que, conforme a las leyes procesales, deban hacerse en el Tablón Edictal Único **serán gratuitas** sin que proceda contraprestación económica por parte de quienes las hayan solicitado. Igualmente serán gratuitas las consultas en el tablón, así como las suscripciones que los ciudadanos puedan realizar a su sistema de alertas.

El Tablón Edictal Judicial Único será **publicado electrónicamente por la Agencia Estatal Boletín Oficial del Estado,** en la forma que se disponga reglamentariamente impidiendo en todo caso la indexación por motores de búsqueda. A tal efecto, pondrá a disposición de los órganos judiciales un sistema automatizado de remisión y gestión telemática que garantizará la celeridad en la publicación de los edictos, su correcta y fiel inserción, así como la identificación del órgano remitente.

Con relación a las comunicaciones transfronterizas el art. 55 del Real Decreto-ley 6/2023, de 19 de diciembre, establece:

> «El Ministerio de la Presidencia, Justicia y Relaciones con las Cortes establecerá un servicio o aplicación común como nodo para las comunicaciones electrónicas transfronterizas relativas a actuaciones de cooperación jurídica internacional. Deberá cumplir los requisitos de interoperabilidad que se hayan convenido en el marco de la Unión Europea o, en su caso, de la normativa convencional de aplicación, y permitir el cumplimiento de las normas sustantivas y procesales de la Unión Europea y de los Tratados o Acuerdos internacionales en vigor.
>
> Las Comunidades Autónomas con competencia en medios personales y materiales de la Administración de Justicia asegurarán la interoperabilidad de los sistemas que establezcan con el servicio o aplicación común previsto en este artículo».

# 4.5. Actuaciones automatizadas, proactivas y asistidas

Con el fin de facilitar la realización de **tareas repetitivas y automatizables** se regulan las actuaciones automatizadas, fijando ciertos límites. Estas actuaciones se ven **facilitadas a través de la orientación al dato**, lo que permite que se puedan hacer de manera automática procesos que antes no era posible automatizar, al requerir el análisis del documento —leyendo y procesándolo—.

Existen también, como un subtipo de las anteriores, las actuaciones proactivas las cuales aprovechan la información incorporada con un fin determinado, para generar efectos o avisos a otros fines distintos.

Diferente de las anteriores, aunque compartan algunas características, encontramos las actuaciones asistidas. Este tipo de actuaciones generan un borrador total o parcial de texto, que puede servir de apoyo a la tarea del juez, magistrado, fiscal y letrado de la Administración de Justicia, manteniendo éstos siempre pleno control sobre el texto y sin que el borrador se constituya en resolución sin la intervención del operador.

El art. 58 del Real Decreto-ley 6/2023, de 19 de diciembre, establece los **requisitos comunes** que las actuaciones referenciadas deben presentar, señalando al respecto:

«1. En caso de actuación automatizada, asistida o proactiva podrá realizarse por el Comité técnico estatal de la Administración judicial electrónica la definición de las especificaciones, programación, mantenimiento, supervisión y control de calidad y, en su caso, la auditoría del sistema de información y de su código fuente.

2. Los criterios de decisión serán públicos y objetivos, dejando constancia de las decisiones tomadas en cada momento.

3. Los sistemas incluirán los indicadores de gestión que se establezcan por la Comisión Nacional de Estadística Judicial y el Comité técnico estatal de la Administración judicial electrónica, cada uno en el ámbito de sus competencias».

## || Actuaciones automatizadas

Entendemos que una **actuación es automatizada** cuando la misma es **producida por un sistema de información adecuadamente programado sin necesidad de intervención humana en cada caso singular.**

Los sistemas de la Administración de Justicia deberán asegurar que:

- Todas las actuaciones automatizadas y proactivas **se puedan identificar como tales**, trazar y justificar.
- Sea **posible** efectuar las mismas actuaciones de **forma no automatizada.**
- Sea **posible deshabilitar, revertir, o dejar sin efecto** las actuaciones automatizadas ya producidas.

Las actuaciones que los sistemas informáticos posibilitan su automatización son las de **trámite o resolutorias simples** que no requieren interpretación jurídica. Como ejemplo podemos nombrar alguna de ellas:

– Numerado o paginado de expedientes.

– Remisión de asuntos al archivo cuando se den las condiciones procesales para ello.

– Generación de copias y certificados.

– Generación de libros.

– Comprobación de representaciones.

– Declaración de firmeza, de acuerdo con la ley procesal.

Dentro de las actuaciones automatizadas, debemos referirnos a las **actuaciones proactivas** las cuales son auto-iniciadas por los sistemas de información sin intervención humana. Estas actuaciones aprovechan la información incorporada en un expediente o procedimiento con un fin determinado, para **generar avisos o efectos directos** a otros fines distintos, en todo caso conformes a la ley.

**CUESTIÓN**

**¿Las actuaciones proactivas se deben limitar al mismo expediente del que obtiene la información?**

No, conforme señala el art. 56. 3 del Real decreto-ley 6/2023, de 19 de diciembre, pueden referirse al mismo o a otros expedientes, tanto de la misma como de otra Administración Pública. A este fin establece que:

*«En el marco del Comité técnico estatal de la Administración judicial electrónica se favorecerá la colaboración con otras administraciones públicas en la identificación de actuaciones que, en su caso, puedan ser proactivos, así como en la definición de los parámetros y requisitos de compatibilidad necesarios para ello».*

## || Actuaciones asistidas

Una **actuación asistida** es aquella para la que el sistema de información de la Administración de Justicia **genera un borrador total o parcial de documento complejo basado en datos, que puede ser producido por algoritmos, y puede constituir fundamento o apoyo de una resolución judicial o procesal.**

La constitución de la resolución ya sea judicial o procesal, requerirá la **validación del texto definitivo** por quien sea responsable —juez, magistrado, fiscal, o letrado de la Administración de Justicia—. La validación se realizará siempre en el ámbito **de sus respectivas competencias y bajo su responsabilidad,** y con cumplimiento de la identificación, autenticación o firma electrónica que en cada caso prevea la ley, además de los restante requisitos exigidos por las leyes procesales.

**En ningún caso** el borrador documental generado por actuación asistida **constituirá por sí resolución judicial o procesal,** sin validación de la autoridad competente. Para ello los sistemas de la Administración Justicia asegurarán que el borrador documental solo se genere a voluntad del usuario y pueda ser libre y enteramente modificado por éste.

# 5.
# LOS ACTOS NO PRESENCIALES EN LA ADMINISTRACIÓN DE JUSTICIA

## Los actos y servicios no presenciales

La regulación de los actos y servicios no presenciales en la Administración de Justicia la encontramos en el título IV del libro primero del Real Decreto-ley 6/2023, de 19 de diciembre, en los artículos que van del 59 al 68, y se encuentra dividida a su vez en 4 capítulos:

- CAPÍTULO I. Actuaciones judiciales y actos y servicios no presenciales.
- CAPÍTULO II. La emisión de las actuaciones celebradas por medios electrónicos.
- CAPÍTULO III. Protección de datos de las actuaciones recogidas en soporte audiovisual.
- CAPÍTULO IV. Seguridad de los entornos remotos de trabajo.

Con el Real Decreto-ley se pretende generalizar los actos y servicios no presenciales, aprovechando el impulso que tuvieron los mismos a raíz de la pandemia por COVID-19, recogiendo la norma la previsión de que también puedan realizarse de manera no presencial actos gubernativos y servicios no estrictamente jurisdiccionales.

En este título IV se definen los conceptos de puntos de acceso seguros y de lugares seguros, desde los que se podrá intervenir por medios telemáticos, considerando como tales a las oficinas judiciales.

### || Las actuaciones judiciales y los actos y servicios no presenciales

Cuando la ciudadanía lo solicite, la atención a la misma se realizará mediante presencia telemática, por videoconferencia, o mediante otros sistemas similares. Para ello el Real Decreto-ley 6/2023, de 19 de diciembre, establece distintos **requisitos**:

– Que así lo interese el ciudadano.

– Que sea posible en función de la naturaleza del acto o información requerida.

– Que se cumpla la normativa aplicable en materia de protección de datos.

– Se requiere la participación del ciudadano desde un punto de acceso seguro.

**CUESTIÓN**

**¿Los profesionales también pueden solicitar actuar mediante presencia telemática?**

Sí, tal y como se establece en el art. 59.2 del Real Decreto-ley 6/2023, de 19 de diciembre: «La atención a los y las profesionales podrá también realizarse por presencia telemática o videoconferencia, siempre de conformidad con estos».

Por parte de la Administración de Justicia deben ofrecerse dos **garantías**:

– En primer lugar, el personal al servicio de la Administración de Justicia garantizará que la gestión de las citas para la atención telemática se lleve a cabo a través de un sistema que otorgue seguridad jurídica al proceso de atención y garantice la encriptación e integridad de las comunicaciones.

– Y, en segundo lugar, las administraciones con competencias en Justicia garantizarán la interoperabilidad y compatibilidad de los distintos sistemas que posibiliten la presencia telemática y la videoconferencia que se utilicen en cada uno de los ámbitos territoriales de prestación del servicio público de Justicia.

Los intervinientes en una **videoconferencia** deberán identificarse al inicio del acto, y para ello la persona que dirija el acto o actuación (juez/a, magistrado/a, MF, o LAJ) adoptará las disposiciones oportunas para ello o, en su caso, el funcionario público que provea el servicio será el encargado de asegurar que los intervinientes se identifiquen al inicio.

Tanto la ciudadanía, como los profesionales podrán tener acceso a aquellas actuaciones judiciales y procesales celebradas por videoconferencia en las que sean parte o en las que tengan un interés legítimo y directo, debiendo realizarse el acceso preferentemente a través de identificación electrónica, que deberá ser previa o simultánea al momento de cada actuación y específica para la misma.

**CUESTIONES**

**1. ¿Puede exceptuarse lo dispuesto para la identificación en las videoconferencias?**

Sí, el art. 60.3 del Real Decreto-ley 6/2023, de 19 de diciembre, recoge que podrá exceptuarse cuando se trate de testigos o peritos protegidos, agentes de policía, agentes de policía encubiertos, o cualquier otra persona cuya identidad debe ser preservada conforme a lo establecido en la ley.

**2. ¿Podrán utilizarse sistemas o aplicaciones que alteren o distorsionen la imagen y el sonido?**

No, salvo excepciones relativas a la salvaguarda de la identidad en los casos regulados en el art. 60.3 del Real Decreto-ley 6/2023, de 19 de diciembre.

La identidad de las personas que intervienen en las actuaciones realizadas por procedimientos electrónicos será comprobada por la oficina judicial o fiscal, a través de los datos básicos de identificación que hayan sido aportados previamente por ellas.

---

**A TENER EN CUENTA.** Se recoge expresamente en la norma de referencia que los intervinientes en una videoconferencia tendrán que observar las mismas normas de decoro, vestimenta y respeto exigidas para las actuaciones realizadas presencialmente.

---

Si en una actuación realizada por videoconferencia se exigiese la firma del interviniente, deberá requerirse, de manera general:

- La verificación previa de la información a firmar por parte de la persona interviniente.
- La autenticación de la persona interviniente.

Es importante destacar la regulación de los **efectos de las actuaciones realizadas por videoconferencias** que contiene el art. 61 del Real Decreto-ley 6/2023, de 19 de diciembre, que comienza estableciendo que cuando se incumplan los requisitos señalados para las videoconferencias no se entenderá por sí solo que la actuación carece de efectos procesales o jurídicos, ni conlleva la ineficacia o nulidad de la misma.

En el caso de que se impugne la identificación o la firma realizada en la videoconferencia, la Administración competente deberá comprobar que la misma cumple todos los requisitos y condiciones establecidos, y si es así, se presumirá la autenticidad de la identificación, debiendo la parte que formuló la impugnación asumir las costas, gastos y derechos que se hayan originado. Si, por el contrario, las comprobaciones ofrecen un resultado negativo, o cuando a pesar de ofrecer un resultado positivo el impugnante mantiene la impugnación, el juez o tribunal competente tendrá que resolver motivadamente, tras haber dado audiencia a las partes.

### | Los puntos de acceso seguro

El Real Decreto-ley 6/2023, de 19 de diciembre, dedica su artículo 62 a especificar cuáles son los puntos de acceso seguros y los lugares seguros, remitiéndose a la normativa del Comité técnico estatal de la Administración judicial electrónica, pero marcando unos mínimos que deben de cumplirse. Así, dispone que, serán **puntos de acceso seguro** los dispositivos y sistemas de información que como mínimo cumplan los siguientes requisitos:

- Que permitan la transmisión segura de las comunicaciones y la protección de la información.
- Que permitan y garanticen la identificación de los intervinientes.
- Que cumplan los requisitos de integridad, interoperabilidad, confidencialidad y disponibilidad de lo actuado.

En cuanto a los **lugares seguros** los requisitos que deberán reunir como mínimo son:

- Disponer de dispositivos y sistemas que tengan la condición de punto de acceso seguro.
- Garantizar la comprobación de la identidad de los intervinientes y la autonomía de su intervención.
- Asegurar todas las garantías del derecho de defensa, inclusive la facultad de entrevistarse reservadamente con el abogado/a.
- Disponer de medios que permitan la digitalización de documentos para su visualización por videoconferencia.

Además, el Real Decreto-ley 6/2023, de 19 de diciembre, contiene un **listado de lugares que en todo caso serán considerados lugares seguros**, y en el que figuran los siguientes:

- La oficina judicial correspondiente al tribunal competente, o cualquier otra oficina judicial o fiscal, y las oficinas de justicia en el municipio.
- Los registros civiles, para actuaciones relacionadas con su ámbito.
- El Instituto Nacional de Toxicología y Ciencias Forenses y los Institutos de Medicina Legal, para la intervención de los médicos forenses, facultativos, técnicos y ayudantes de laboratorio.
- Las sedes de las fuerzas y cuerpos de seguridad del Estado, para la intervención de sus miembros.
- Las sedes oficiales de la Abogacía del Estado, del servicio jurídico de la Administración de la Seguridad Social y de los servicios jurídicos de las Comunidades Autónomas, para la intervención de los miembros de tales servicios.
- Los centros penitenciarios, órganos dependientes de Instituciones Penitenciarias, centros de internamiento de extranjeros y centros de internamiento de menores, para las personas internas y funcionarios públicos.
- Cualesquiera otros lugares que se establezcan por reglamento de aplicación en todo el territorio del Estado, previo informe favorable del Comité técnico estatal de la Administración judicial electrónica.

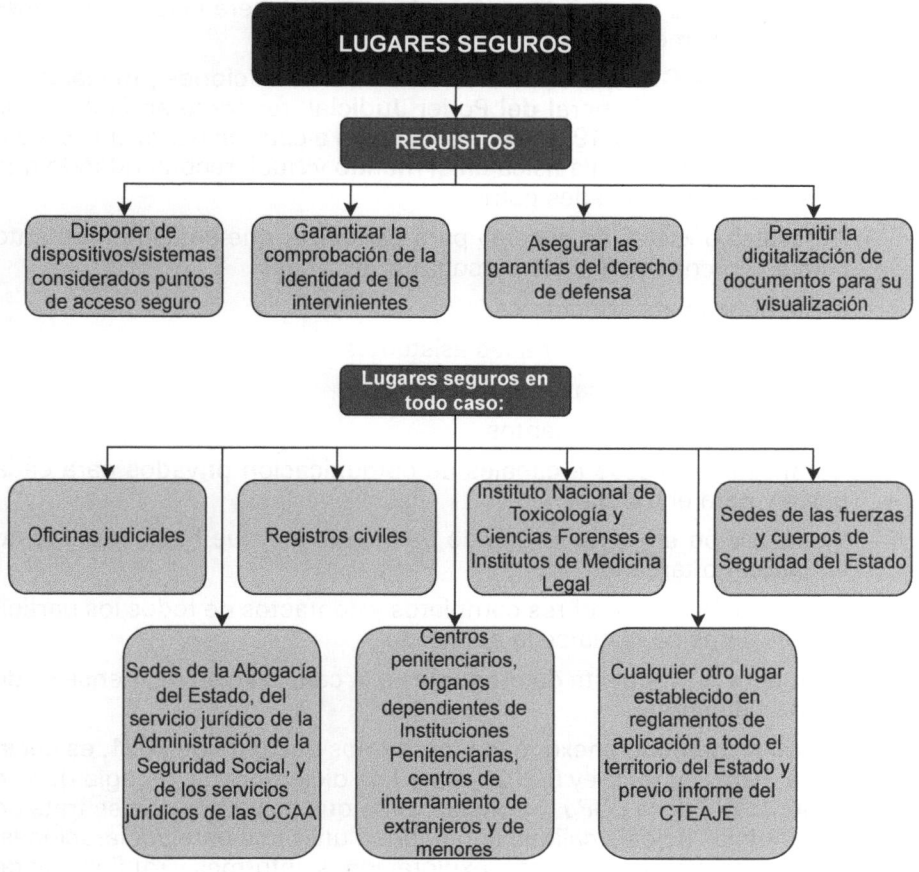

**CUESTIÓN**

**¿Pueden los jueces celebrar por videoconferencia actuaciones no jurisdiccionales?**

Sí, esta posibilidad se regula en el art. 64 del Real Decreto-ley 6/2023, de 19 de diciembre, en el que se recoge que las actuaciones en las que intervengan jueces, magistrados, LAJ, o el Ministerio Fiscal podrán realizarse tanto de forma presencial como por videoconferencia, o cualquier otro sistema que permita la reproducción de sonido e imagen. Además, también regula la posibilidad de que las juntas de jueces y las salas de gobierno realicen sus actuaciones de forma telemática.

Como un punto relevante a tener en cuenta hay que destacar la regulación que se realiza de las **salas de vistas virtuales** (art. 65 del Real Decreto-ley 6/2023, de 19 de diciembre). Por salas de vistas virtuales se entienden aquellas generadas en el medio digital, que disponen de los mismos medios de grabación, seguridad e integración con el expediente judicial electrónico que las salas de vistas presenciales o físicas, pero que no necesitan de espacios físicos especiales, y que permiten su uso de manera independiente al de las salas presenciales. La forma y requisitos de su uso deberá establecerse mediante normas reglamentarias.

En el **anexo de la Guía para la celebración de actuaciones judiciales telemáticas del Consejo General del Poder Judicial**, realizada en 2021 a raíz de la pandemia por COVID-19, ya se mencionaba a estas salas virtuales, destacando que simulan una sala física en el mundo virtual, recomendando que las mismas ofrezcan facilidades como:

– Antesalas o «salas de espera» para garantizar que en cada momento solo estén conectadas las personas autorizadas.

– Invitaciones para conectarse.

– Posibilidad para silenciar a los asistentes.

– Posibilidad de expulsar a algún asistente.

– Presentación de documentos.

– Garantizar el acceso a canales de comunicación privados para cada parte y para el tribunal.

– Visualización en tamaño grande de la persona que habla y del resto en pequeño tamaño.

– Compartición de nombres completos y contactos de todos los participantes antes de iniciarse la audiencia.

– Chat para la propuesta de preguntas o la canalización de mensajes de los participantes.

Además en el mentado anexo, que recordemos que data de 2021, es decir, es anterior al Real Decreto-ley 6/2023, de 19 de diciembre, se recogía que en virtud del art. 226.3 de la LOPJ, y considerando que en su mayoría se trata de «videoconferencias de baja calidad» no podrían utilizarse para declaraciones, interrogatorios, testimonios, careos, exploraciones, informes y ratificación de los periciales, ya que en estos casos sería necesario acudir a videoconferencias de calidad, ya que al ser imposible garantizar la incomunicación de testigos en las videoconferencias de baja calidad, su comparecencia remota sólo sería viable con videoconferencias de calidad y siempre que el testigo declare en una sede oficial en la que un fedatario garantice la intangibilidad o no contaminación de la fuente de prueba.

Por el contrario, podrían utilizarse estas salas virtuales para las siguientes actuaciones:

– Actuaciones internas como las deliberaciones del tribunal.

– Actuaciones externas con la intervención exclusiva de operadores jurídicos, o con intervención de ciudadanos cuando el tribunal considere que se cumplen las garantías necesarias.

### La emisión de las actuaciones celebradas por medios electrónicos

En el caso de que los actos de juicio, vistas u otras actuaciones hayan de practicarse en audiencia pública, si se celebrasen con participación telemática de todos los intervinientes, deberán retransmitirse públicamente, en los términos que establezca el Comité técnico estatal de la Administración judicial electrónica.

Los sistemas de información y comunicación podrán establecer diferentes niveles de seguridad y acceso del público a la retransmisión.

---

**CUESTIONES**

**1. ¿Puede acordarse la no retransmisión de estas actuaciones en las que todos los intervinientes participen telemáticamente?**

Sí, el art. 66.1 del Real Decreto-ley 6/2023, de 19 de diciembre, en su párrafo tercero, recoge esta posibilidad de que el juez o tribunal acuerde la no retransmisión en los siguientes supuestos:

– En los casos previstos en el art. 138.2 de la LEC, es decir, cuando ello sea necesario para la protección del orden público o de la seguridad nacional en una sociedad democrática, o cuando los intereses de los menores o la protección de la vida privada de las partes y de otros derechos y libertades lo exijan o en la medida en la que el tribunal lo considere estrictamente necesario, cuando por la concurrencia de circunstancias especiales la publicidad pudiera perjudicar a los intereses de la justicia.

– En los casos del art. 681.1 de la LECrim (cuando así lo exijan razones de seguridad u orden público, o la adecuada protección de los derechos fundamentales de los intervinientes, en particular, el derecho a la intimidad de la víctima, el respeto debido a la misma o a su familia, o resulte necesario para evitar a las víctimas perjuicios relevantes que, de otro modo, podrían derivar del desarrollo ordinario del proceso).

– En cualquier otro caso en el que la ley procesal permita la restricción de la publicidad.

Cuando alguno de los intervinientes intervenga físicamente, o cuando la publicidad se garantice mediante el acceso abierto a la sala de vistas, el juez o tribunal podrá acordar la no retransmisión tanto en los casos anteriormente enumerados, como en los casos en los que lo considere estrictamente necesario en atención a las circunstancias concurrentes.

**2. ¿Puede restringirse la presencia de los medios de comunicación?**

Sí, el art. 66.3 del Real Decreto-ley 6/2023, de 19 de diciembre, establece que: «(...) en el ámbito penal, de acuerdo con el artículo 682 de la Ley de Enjuiciamiento Criminal, el juez o tribunal, previa audiencia de las partes, podrá restringir la presencia de los medios de comunicación audiovisuales en las sesiones del juicio y establecer limitaciones a las grabaciones y toma de imágenes, a la publicidad de informaciones sobre la identidad de las víctimas, de los testigos o peritos o de cualquier otra persona que intervenga en el juicio».

---

El listado de los actos de juicio, vistas y audiencias que se celebrarán por cada órgano judicial, y la forma de acceder a los mismos, se publicará en las sedes judiciales electrónicas.

---

**A TENER EN CUENTA.** Las actuaciones orales que se celebren ante los LAJ también deben de respetar lo establecido anteriormente.

---

## Protección de datos de las actuaciones recogidas en soporte audiovisual

Las actuaciones judiciales realizadas telemáticamente tienen que respetar la normativa vigente en materia de protección de datos.

Se recoge expresamente en el Real Decreto-ley 6/2023, de 19 de diciembre, que, tanto en las actuaciones judiciales telemáticas, como en los servicios no presenciales, no estará permitido que las partes, intervinientes o cualquier otra persona que tenga acceso a dicha actuación puedan grabar, tomar imágenes o utilizar cualquier otro medio que permita una posterior reproducción del sonido y/o de la imagen.

Además, también se señala que no podrán utilizarse para fines distintos de los jurisdiccionales, las grabaciones a las que cualquier persona haya tenido acceso con motivo de un procedimiento judicial.

Cuando se incumplan estas obligaciones, el juez o tribunal podrá imponer motivadamente una multa que irá de 180 a 60.000 €, independientemente de las sanciones que correspondan si la actuación constituyera una infracción a la normativa sobre protección de datos de carácter personal, y de las responsabilidades administrativas, civiles o penales.

> **CUESTIÓN**
>
> **¿Qué aspectos se tendrán en cuenta a la hora de imponer estas sanciones?**
>
> Para la imposición de estas sanciones se tendrán en cuenta:
>
> - La intencionalidad.
> - El perjuicio real causado a la Administración o a los ciudadanos.
> - La reiteración o reincidencia.

## Seguridad de los entornos remotos de trabajo

Con relación a los entornos remotos de trabajo comienza el art. 68 del Real Decreto-ley 6/2023, de 19 de diciembre, definiendo los mismos como espacios de trabajo que cumplen los requisitos de seguridad, interoperabilidad y capacidad en la gestión y permiten la prestación del servicio público de Justicia mediante la utilización de nuevas tecnologías, independientemente de si la prestación del servicio se realiza de forma presencial.

Estos entornos remotos de trabajo deberán:

- Disponer, de acuerdo con la normativa que sea de aplicación, de las medidas de seguridad adecuadas que garanticen la integridad, autenticidad, confidencialidad, calidad, protección y conservación de la información gestionada en los mismos.
- Cumplir las condiciones de uso y seguridad que se consideren por la administración competente.

> **A TENER EN CUENTA.** Los requisitos mínimos que las administraciones públicas con competencias en Justicia deben de garantizar en relación con los entornos remotos de trabajo se fijarán en el Esquema Nacional de Seguridad y el Esquema Judicial de Interoperabilidad y Seguridad.

# 6.
# LOS REGISTROS DE LA ADMINISTRACIÓN DE JUSTICIA

## Registro de escritos en la Administración de Justicia

Las oficinas judiciales que tengan atribuidas funciones de registro y de reparto dispondrán de los medios electrónicos adecuados para la recepción y registro de escritos y documentos, traslado de copias, realización de actos de comunicación y expedición de resguardos electrónicos a través de medios de transmisión seguros entre los que se incluirán los sistemas de firma y sellado de tiempo basados en certificados electrónicos cualificados. En estos registros judiciales electrónicos únicamente se admitirán escritos y documentos dirigidos a los órganos judiciales, oficinas judiciales y oficinas fiscales adscritos al registro judicial de que se trate

Es posible que por razones justificadas de mantenimiento técnico u operativo se interrumpa la recepción de solicitudes, escritos y comunicaciones. En estos casos, la interrupción deberá anunciarse a los potenciales usuarios del registro electrónico con la antelación que, resulte posible.

En el supuesto de que la interrupción no sea planificada, y siempre que sea posible, se dispondrán las medidas para que el usuario resulte informado de esta circunstancia, así como de los efectos de la suspensión, con indicación expresa, en su caso, de la prórroga de los plazos de inminente vencimiento.

Es posible que en ambos casos se establezca un redireccionamiento que permita utilizar un registro electrónico en sustitución de aquél en el que se haya producido la interrupción.

Cuando se presenten documentos por medio de estos registros electrónicos se emitirá automáticamente un recibo consistente en copia autenticada del escrito, documento o comunicación de que se trate, incluyendo la fecha y hora de presentación y el número de entrada de registro.

En cuanto a los documentos que acompañan al escrito o comunicación, deberán cumplir los estándares de formato y requisitos de seguridad que se determinen en el marco institucional de cooperación en materia de administración electrónica. Los registros electrónicos generarán recibos acreditativos de la entrega de estos documentos que garanticen la integridad y el no repudio de los documentos aportados, así como la fecha y hora de presentación y el número de entrada en la correspondiente sede judicial electrónica.

El art. 72 del Real Decreto-ley 6/2023, de 19 de diciembre, hace referencia al cómputo de plazos, estableciendo que los registros electrónicos se regirán por la fecha y hora oficial de la sede judicial electrónica de acceso. El inicio del cómputo de los plazos que hayan de cumplir los órganos judiciales, oficinas judiciales y oficinas fiscales vendrán determinado por la fecha y hora de presentación en el propio registro.

> **CUESTIÓN**
>
> **¿Cuándo se pueden presentar documentos por los registros electrónicos?**
>
> Los registros electrónicos permitirán la presentación de escritos, documentos y comunicaciones todos los días del año durante las 24 horas.

La presentación de documentos un día inhábil a efectos procesales, se entenderá realizada en la primera hora hábil del primer día hábil siguiente, salvo que una norma permita expresamente la recepción en día inhábil. En este punto es necesario señalar que cada sede judicial electrónica en la que esté disponible un registro electrónico indicará, atendiendo al ámbito territorial en el que ejerce sus competencias, los días que se considerarán inhábiles a los efectos de los apartados anteriores.

## ‖ Registro electrónico común de la Administración de Justicia

El Ministerio de la Presidencia, Justicia y Relaciones con las Cortes gestionará el Registro electrónico común de la Administración de Justicia. Las condiciones de funcionamiento, así como los requisitos técnicos y previsiones para la adhesión al mismo de los sistemas existentes en las comunidades autónomas, serán establecidas por el Comité técnico estatal de la Administración de Justicia.

> **A TENER EN CUENTA.** El Registro electrónico común tiene carácter complementario de los sistemas existentes en las comunidades autónomas.

Por este medio se posibilita la presentación de escritos y comunicaciones dirigidos a la Administración de Justicia y a los órganos y oficinas judiciales, fiscalías y oficinas fiscales. Los escritos y comunicaciones que reúnan los requisitos que se determinen en la normativa técnica o de desarrollo, presentados al Registro electrónico común, generarán la entrada automática, proporcionando un acuse de recibo electrónico con acreditación de la fecha y hora de presentación.

A este registro se accederá desde el Punto de Acceso General de la Administración de Justicia y será interoperable con el Registro electrónico común de la Administración General del Estado. Así mismo, las administraciones con competencias en medios materiales y personales de la Administración de Justicia facilitarán la interoperabilidad de los sistemas de justicia con el Registro electrónico común de la Administración de Justicia.

**CUESTIÓN**

**¿Qué ocurre si un documento dispone de un registro específico para su tratamiento?**

En caso de que un documento disponga de aplicaciones o registros electrónicos específicos para su tratamiento, el Registro electrónico común de la Administración de Justicia informará al ciudadano o profesional y lo redirigirá a los registros competentes para la recepción (art. 73.5 del Real Decreto-ley 6/2023, de 19 de diciembre).

## ‖ Registro electrónico de apoderamientos judiciales

En el Registro electrónico de apoderamientos judiciales se inscribirán los apoderamientos otorgados presencial o electrónicamente por quien ostente la condición de interesado en un procedimiento judicial a favor de su representante, para actuar en su nombre ante la Administración de Justicia.

Según el ámbito y facultades que se le confieran al apoderado, los poderes susceptibles de ser inscritos son:

– Poder genérico. Confiere poder al apoderado para que pueda actuar en nombre del poderdante en cualquier clase de procedimiento y actuación judicial.

– Poder para que el apoderado pueda actuar en nombre del poderdante únicamente en determinadas clases de procedimientos.

– Poder específico. En este caso el apoderado puede actuar en nombre del poderdante en un procedimiento concreto.

Los asientos que se realicen deberán contener, conforme señala el art. 74.3 del Real Decreto-ley 6/2023, de 19 de diciembre, al menos, la siguiente información:

– Nombre y apellidos o razón social, número de documento nacional de identidad, pasaporte, número de identificación de extranjería o documento de identidad de extranjero si se tratase de una persona extranjera, de identificación fiscal o de documento equivalente del poderdante, domicilio, teléfono y en su caso dirección de correo electrónico.

– Nombre y apellidos o razón social, número de documento nacional de identidad, pasaporte, NIE, o documento de identidad si se tratase de una persona extranjera, de identificación fiscal o de documento equivalente del apoderado, domicilio, teléfono y en su caso dirección de correo electrónico. En el caso de ser un profesional interviniente ante la Administración de Justicia sometido a colegiación deberá consignarse el número de colegiado y el Colegio Profesional de pertenencia.

– Fecha de inscripción.

– Tipo de poder según las facultades que se otorguen.

**A TENER EN CUENTA.** El tratamiento de los datos deberá ser conforme con la normativa aplicable de protección de datos de carácter personal, incorporándose las medidas técnicas y organizativas necesarias a tal fin.

Las inscripciones de los apoderamientos tendrán una validez determinada máxima de 5 años que se contarán desde la fecha de inscripción. La inscripción es susceptible de ser revocada en cualquier momento o prorrogada dirigiendo una solicitud a cualquier registro, debiendo quedar inscrita esta circunstancia en el registro en el que tenga efectos el poder y surtiendo efectos desde la fecha en la que se produzca dicha inscripción. La prórroga tendrá una validez determinada máxima de 5 años.

**CUESTIONES**

**1. ¿Cómo se otorga el poder?**

El poder puede otorgarse:

- Por comparecencia electrónica, a través de la sede judicial, en el registro electrónico de apoderamientos judiciales. Este se realizará haciendo uso de los sistemas de firma electrónica.

- Si el poderdante no dispone de firma electrónica, podrá conferir el poder por comparecencia personal ente el letrado de la Administración de Justicia de cualquier oficina judicial. El LAJ debe asegurar la inscripción en el Registro electrónico de apoderamientos judiciales.

**2. ¿Es posible que el apoderamiento se inscriba por los propios representantes procesales?**

Sí, ello conforme a lo establecido en el art. 76 del Real Decreto-ley 6/2023, de 19 de diciembre:

*«Los representantes procesales podrán inscribir directamente el apoderamiento a su favor conferido en aquellos procedimientos que determine el Comité técnico estatal de la Administración judicial electrónica, valorando su cuantía o trascendencia. En el caso de que no pudiere acreditarse el otorgamiento en forma del apoderamiento así inscrito, el que se hubiera atribuido representación incurrirá en la responsabilidad civil, penal y disciplinaria que derivase de su actuación».*

La representación procesal se acreditará mediante consulta automatizada orientada al dato que confirme la inscripción de esta en el Registro electrónico de apoderamiento judiciales, cuando el sistema así lo permita. En caso de que lo anterior no fuera posible, se acreditará mediante la certificación de la inscripción en el Registro electrónico de apoderamientos judiciales. En cualquier caso, quien asuma la representación procesal indicará el número asignado a la inscripción en dicho registro.

## Registro de personal al servicio de la Administración de Justicia habilitado

El art. 78 del Real Decreto-ley 6/2023, de 19 de diciembre, establece la posibilidad de que lo funcionarios al servicio de la Administración de Justicia sean habilitados para la realización por medios electrónicos de trámites, actuaciones o servicios determinados.

Estas habilitaciones deberán inscribirse en un registro que sea interoperable con los sistemas de la Administración de Justicia. Esta interoperabilidad se hará en los términos que defina el Comité Técnico estatal de la Administración Judicial electrónica, por medio de normativa técnica.

# 7.
# LOS DATOS ABIERTOS EN LA ADMINISTRACIÓN DE JUSTICIA

## Los datos abiertos en Justicia y su regulación

Con datos abiertos —*open data*— nos referimos a datos «que cualquiera es libre de utilizar, reutilizar y redistribuir, con el único límite, en su caso, del requisito de atribución de su fuente o reconocimiento de su autoría» (DEJ RAE).

El Real Decreto-ley 6/2023, de 19 de diciembre, dedica el título VI, del libro primero, a los datos abiertos en la Administración de Justicia, regulando el Portal de datos de la Administración de Justicia.

Este portal debe facilitar a la ciudadanía y a los profesionales información procesada y precisa sobre la actividad, carga de trabajo y otros datos relevantes de todos los órganos, servicios y oficinas judiciales y fiscales de España.

Además, también contiene el mentado título VI la regulación sobre las condiciones y licencias de reutilización de datos, datos automáticamente procesables e interoperabilidad de los datos abiertos.

El **Portal de datos de la Administración de Justicia** aparece regulado en el art. 81 del Real Decreto-ley 6/2023, de 19 de diciembre, disponiendo que el mismo deberá facilitar a los ciudadanos y a los profesionales información, relativa a todos los órganos judiciales, oficinas judiciales y oficinas fiscales, que deberá ser procesada y precisa, sobre:

- La actividad.
- La carga de trabajo.
- Cualesquiera otros datos relevantes.

El objetivo de facilitar esta información es reflejar la realidad de la Administración de Justicia con el mayor rigor y detalle posible.

La información estadística judicial que se publicará en el Portal la determinará la Comisión Nacional de Estadística Judicial.

En este Portal se incluirá un apartado donde la información tendrá la consideración de «dato abierto», si bien será necesaria la previa anonimización de los datos, quedando garantizado el nivel de agregación suficiente que impida la identificación de las personas físicas.

**A TENER EN CUENTA.** En la actualidad existe un portal conocido como «La Justicia en Datos» (https://datos.justicia.es/), en el que se presenta de modo abierto y accesible el conjunto de datos oficiales relacionados con la Administración de Justicia y el Poder Judicial en España. Tal y como se recoge en el mismo, este portal responde «(...) a la necesidad histórica de ofrecer a la ciudadanía un espacio público, común, reutilizable y transparente de datos relativos a la justicia, así como a la oportunidad de orientar al dato la implementación y gestión de políticas públicas basadas en la transparencia y la calidad, todo ello en el contexto de la Estrategia Europea de Datos de la Unión Europea para el período 2019-2024 (...)».

## CUESTIONES

### 1. ¿Pueden reutilizarse los datos abiertos publicados en el Portal de datos de la Administración de Justicia?

El artículo 82 del Real Decreto-ley 6/2023, de 19 de diciembre, dispone que los datos, solicitudes y licencias de reutilización de los datos, de los datos abiertos publicados en el Portal de datos de la Administración de Justicia, deberán atender a lo dispuesto en el Real Decreto-ley 24/2021, de 2 de noviembre, de transposición de directivas de la Unión Europea en las materias de bonos garantizados, distribución transfronteriza de organismos de inversión colectiva, datos abiertos y reutilización de la información del sector público, ejercicio de derechos de autor y derechos afines aplicables a determinadas transmisiones en línea y a las retransmisiones de programas de radio y televisión, exenciones temporales a determinadas importaciones y suministros, de personas consumidoras y para la promoción de vehículos de transporte por carretera limpios y energéticamente eficientes.

Por otra parte, también se contiene un mandato a las administraciones con competencias en Justicia para que promuevan la utilización, reutilización y compartición de los datos y la información suministrada en los portales, con el objetivo de favorecer el derecho a la información de la ciudadanía y el deber de transparencia de los poderes públicos.

### 2. ¿La reutilización de datos que se encuentren abiertos está afectada por la normativa de protección de datos?

Sí, y así se recoge expresamente en el art. 82.3 del mentado Real Decreto-ley 6/2023, de 19 de diciembre: «El tratamiento ulterior de la información no jurisdiccional de datos abiertos o de reutilización de la información a la que se haya accedido en el ámbito jurisdiccional, deberá cumplir la normativa de protección de datos vigente».

### 3. ¿Cuáles son las condiciones generales que deben aplicarse a la hora de reutilizar documentos?

El Ministerio de Justicia en su página web recoge un listado de 5 condiciones que deben de aplicarse a la hora de reutilizar documentos:

- Está prohibido desnaturalizar el sentido de la información.
- Debe citarse la fuente de los documentos objeto de la reutilización. Esta cita podrá realizarse de la siguiente manera: «Origen de los datos: Ministerio de Justicia».
- Debe mencionarse la fecha de la última actualización de los documentos objeto de la reutilización, siempre cuando estuviera incluida en el documento original.

– No se podrá indicar, insinuar o sugerir que el Ministerio de Justicia, titular de la información reutilizada, participa, patrocina o apoya la reutilización que se lleve a cabo con ella.

– Deben conservarse, no alterarse ni suprimirse los metadatos sobre la fecha de actualización y las condiciones de reutilización aplicables incluidos, en su caso, en el documento puesto a disposición para su reutilización.

**4. La persona que reutilice estos datos, ¿está sometida a algún tipo de responsabilidad?**

Sí, el agente reutilizador se halla sometido a la normativa aplicable en materia de reutilización de la información del Sector Público, incluyendo el régimen sancionador previsto en el artículo 11 de la Ley 37/2007, del 16 de noviembre, sobre reutilización de la información del Sector Público.

Por su parte, el art. 83 del Real Decreto-ley 6/2023, de 19 de diciembre, hace referencia a los **datos automáticamente procesables**, estableciendo la obligación de las Administraciones Públicas de velar por que, cuando sea posible, los datos publicados en el Portal de datos de la Administración de Justicia sean automáticamente procesables. Para ello, tanto los sistemas informáticos de gestión procesal de la Administración de Justicia, como sus aplicaciones asociadas permitirán la extracción automatizada de los datos necesarios para la elaboración de la información pública de los portales.

> **A TENER EN CUENTA.** Será responsabilidad de cada Administración con competencias en materia de Justicia cumplir con el deber de proporcionar los datos en condiciones idóneas para su empleo en la información de los portales web.

En relación con la interoperabilidad de los datos abiertos hay que referirse al art. 84 del mentado Real Decreto-ley 6/2023, de 19 de diciembre, que señala que la parte de datos abiertos del Portal de datos de la Administración de Justicia deberá interoperar con el Portal de datos abiertos del Estado y con el de la Unión Europea.

Además, se reconoce la posibilidad de que las distintas administraciones puedan usar el Portal de datos de la Administración de Justicia ya sea directamente o interoperando los posibles portales propios que tengan al efecto.

> **A TENER EN CUENTA.** Desde la página web: https://datos.gob.es/es/, puede accederse al catálogo de datos catalogados como reutilizables del Ministerio de Justicia entre otros.

# 8.
# LA COOPERACIÓN ENTRE ADMINISTRACIONES CON COMPETENCIAS EN JUSTICIA

## La cooperación entre Administraciones con competencias en materia de Administración de Justicia y el Esquema Judicial de Interoperabilidad y Seguridad

El Real Decreto-ley 6/2023, de 19 de diciembre, regula la cooperación entre las administraciones con competencias en materia de Administración de Justicia en su título VII, del libro primero, que también contiene las disposiciones relativas al Esquema Judicial de Interoperabilidad y Seguridad y las demás normas sobre seguridad.

Como puntos clave de este título podemos destacar los siguientes:

– Se potencia el Comité Técnico Estatal de la Administración Judicial Electrónica, destacando su valor:

• Como órgano de cogobernanza de la Administración digital de la Justicia.

• Como órgano de impulso y coordinación del desarrollo de la transformación digital de la Administración de Justicia.

– Se prevé la constitución de un Consejo Consultivo para la Transformación Digital de la Administración de Justicia, con la finalidad de favorecer que la iniciativa, el diseño, el desarrollo y la producción de sistemas se realicen coordinándose tanto con el sector privado, como con los colectivos afectados.

– Se regula el Esquema Judicial de Interoperabilidad y Seguridad, que destaca la obligación de interoperabilidad, con previsiones especificas relacionadas con los colegios profesionales y los registros con los que se relaciona la Administración de Justicia.

– Se incluyen normas para la elaboración y la actualización de la política de seguridad de la información en la Administración de Justicia, que incluyen la previsión de dos órganos:

- Un Subcomité de Seguridad como órgano especializado y permanente del Comité Técnico Estatal de la Administración Judicial Electrónica.
- Un Centro de Operaciones de Ciberseguridad de la Administración de Justicia.

## El marco institucional de cooperación en materia de Administración electrónica

El capítulo I, del ya citado título VII, del libro primero del Real Decreto-ley 6/2023, de 19 de diciembre, contiene el marco institucional de cooperación en materia de administración electrónica en el ámbito de la Justicia, regulando dos órganos fundamentales en este aspecto:

- El Comité técnico estatal de la Administración judicial electrónica.
- El Consejo Consultivo para la Transformación Digital de la Administración de Justicia.

### El Comité técnico estatal de la Administración judicial electrónica

El Comité técnico estatal de la Administración judicial electrónica (CTEAJE) es el órgano **encargado de la cooperación** en el ámbito de la Administración judicial electrónica.

El CTEAJE se encuentra regulado en el Real Decreto 396/13, de 7 de junio, por el que se regula el Comité técnico estatal de la Administración judicial electrónica, y también en el art. 85 del Real Decreto-ley 6/2023, de 19 de diciembre.

Este comité, que goza de independencia orgánica y funcional, está compuesto por:

- Representantes del Consejo General del Poder Judicial.
- Representantes del Ministerio de la Presidencia, Justicia y Relaciones con las Cortes.
- Representantes de la Fiscalía General del Estado.
- Representantes de las comunidades autónomas con competencias en materias de Administración de Justicia.

**CUESTIONES**

**1. ¿Quién preside el Comité técnico estatal de la Administración judicial electrónica?**

Este órgano estará copresidido por un representante del Consejo General del Poder Judicial y otro del Ministerio de la Presidencia, Justicia y Relaciones con las Cortes, conforme a un turno rotatorio bienal.

**2. ¿Qué órganos componen el CTEAJE?**

El CTEAJE cuenta con los siguientes órganos: el Pleno, la Comisión Permanente, el Presidente y la Secretaría General. Además, estará asistido por una Oficina Técnica que funcionará a través de grupos de trabajo.

Citando el Balance Anual del CTEAJE de julio de 2023 (periodo 16/07/2022 a 15/07/2023) podemos resaltar un **triple beneficio** de la modernización de la Administración de Justicia que persigue el CTEAJE:

«El Comité Técnico Estatal de la Administración Judicial Electrónica (en adelante, CTEAJE), ha asumido las funciones conducentes a abordar la modernización de la Administración de Justicia con la implantación de la Justicia electrónica, de donde cabe esperar, para un país como el nuestro, un triple y benéfico resultado: por una parte la agilización de los procesos públicos, a través del uso de las tecnologías en las comunicaciones, para servir a un derecho fundamental (artículo 24 de la CE); por otra parte, servir a la efectiva y general utilización de las tecnologías de la información y comunicación en la Administración de Justicia por parte de los profesionales de la Justicia; y, por último, definir el conjunto de requisitos mínimos de interconexión, interoperabilidad y seguridad necesarios en el desarrollo de los diferentes aplicativos y sistemas utilizados por los actores del mundo judicial, a fin de garantizar la seguridad en la transmisión de los datos y cuantas otras exigencias se contengan en las leyes procesales».

A este Comité se le atribuyen dos **finalidades**:

– El impulso de la cogobernanza de la administración digital de la Justicia.
– El impulso y coordinación del desarrollo de la transformación digital de la Administración de Justicia.

Entre sus **funciones**, enumeradas en el art. 85.2 del Real Decreto-ley 6/2023, de 19 de diciembre, se incluyen las siguientes:

– Definir y validar la funcionalidad y seguridad de los programas y aplicaciones que se pretendan emplear el ámbito de la Administración de Justicia, antes de su implantación.
– Impulsar y coordinar la elaboración y ejecución de las iniciativas de actuación y planes conjuntos, acuerdos y convenios, para lograr la transformación digital de la Administración de Justicia.
– Con el fin de racionalizar los recursos de tecnologías de la información y la comunicación a todos los niveles, promover:
  • La puesta en marcha de servicios interadministrativos integrados.
  • Que se compartan las infraestructuras técnicas y los servicios comunes.
– Fijar y actualizar el Esquema Judicial de Interoperabilidad y Seguridad, permitiendo la interoperabilidad total de todas las aplicaciones informáticas al servicio de la Administración de Justicia.
– Velar por la seguridad de los sistemas, a través de:
  • El establecimiento de un marco organizativo a través del Subcomité de seguridad.
  • La instauración de una política de seguridad.
  • La promoción del desarrollo normativo.

– Informar los anteproyectos de ley, y los proyectos de disposiciones reglamentarias y otras normas, que tengan como objeto la regulación en materia de tecnologías de la información y la comunicación de aplicación en la Administración de Justicia.

– Otras funciones que le sean legal o reglamentariamente atribuidas.

El Comité técnico estatal de la Administración judicial electrónica deberá **relacionarse y coordinarse** con:

– La Conferencia Sectorial de Justicia.

– La Administración General del Estado y sus organismos y entidades de Derecho Público vinculadas o dependientes, a través del Comité de Dirección para la Digitalización de la Administración u órgano equivalente.

– La Comisión Nacional de Estadística Judicial.

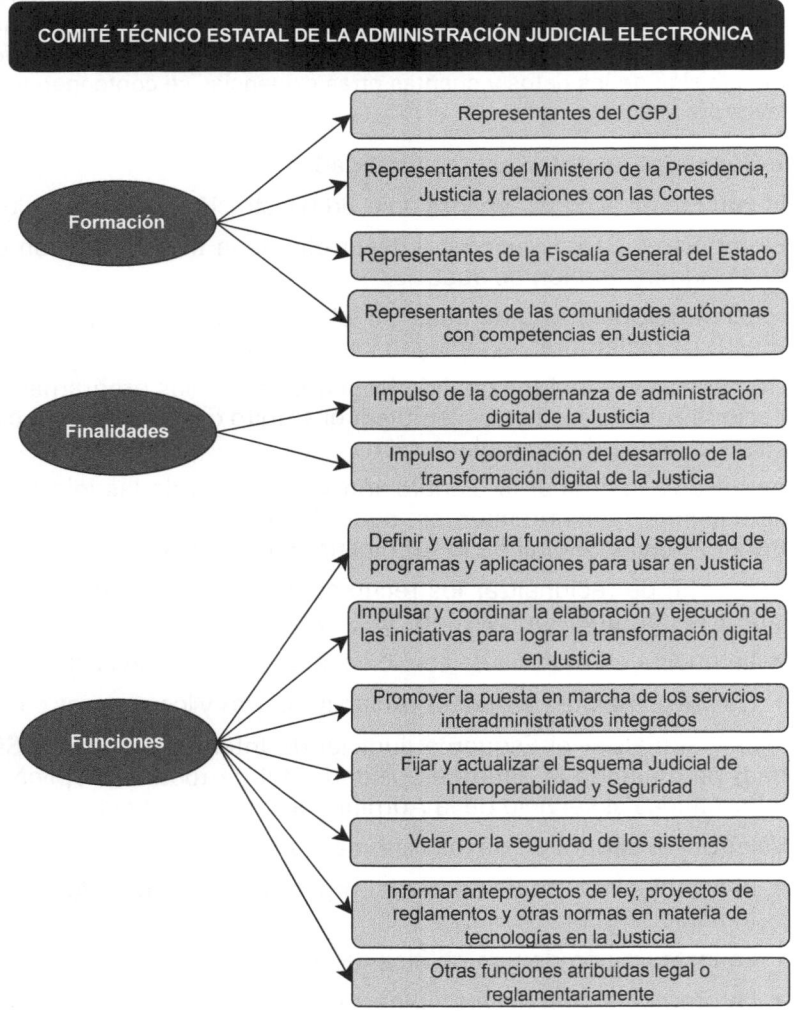

### El Consejo Consultivo para la Transformación Digital de la Administración de Justicia

Con la finalidad de favorecer que la iniciativa, diseño, desarrollo y producción de sistemas se lleven a cabo en colaboración tanto con el sector privado como con los colectivos principalmente afectados se recoge en el art. 87 del Real Decreto-ley 6/2023, de 19 de diciembre, la constitución de un Consejo Consultivo para la Transformación Digital de la Administración de Justicia.

Este Consejo Consultivo estará formado por:

- Organizaciones sindicales.
- Asociaciones profesionales de jueces, fiscales y LAJ.
- Consejos Generales de la Abogacía, la Procura y los graduados sociales.
- Asociaciones y organizaciones empresariales.
- El Colegio Oficial de Registradores de la Propiedad y Mercantiles de España (CORPME).
- El Consejo General del Notariado (CGN).
- La Federación Española de Municipios y Provincias (FEMP).
- Secretaría General de Administración Digital (SGAD).
- Las demás organizaciones que se determinen en virtud de las finalidades del Consejo Consultivo para la Transformación Digital de la Administración de Justicia.

> **A TENER EN CUENTA.** Cuando se trate de Administraciones que tengan competencias transferidas en materia de Justicia se podrán crear Consejos territoriales. En estos casos su composición se ajustará a los representantes institucionales, colegiales y asociativos de cada territorio.

### El Esquema Judicial de Interoperabilidad y Seguridad

El capítulo II, del VII, del libro primero del Real Decreto-ley 6/2023, de 19 de diciembre, se dedica a regular el Esquema Judicial de Interoperabilidad y Seguridad o EJIS.

Podemos definir el Esquema Judicial de Interoperabilidad y Seguridad como el **conjunto de instrucciones técnicas de interoperabilidad y seguridad aprobadas por el Comité técnico estatal de la Administración judicial electrónica** que, recogiendo las particularidades de la Administración de Justicia, permiten el cumplimiento del Esquema Nacional de Interoperabilidad y del Esquema Nacional de Seguridad en el ámbito de la Administración Electrónica.

También forma parte del Esquema Judicial de Interoperabilidad y Seguridad el conjunto de instrucciones técnicas que dicte el CTEAJE en el ejercicio de sus competencias.

Tanto los indicados esquemas nacionales como sus instrucciones técnicas de desarrollo son de obligado cumplimiento. Además, también será de obligado cumplimiento el Esquema Nacional de Interoperabilidad, y la normativa europea de interoperabilidad aplicable. Con el objetivo de adecuar el cumplimiento del Esquema Nacional de Interoperabilidad, y la normativa europea de interoperabilidad aplicable, cuando se requiera una regulación específica en virtud de las particularidades de la Administración de Justicia, el CTEAJE será el encargado de desarrollar normas técnicas de interoperabilidad, a través de guías técnicas de interoperabilidad y seguridad que serán de obligado cumplimiento.

Las citadas instrucciones técnicas se denominarán guías técnicas de interoperabilidad y seguridad. En la disposición adicional sexta del Real Decreto-ley 6/2023, de 19 de diciembre, se le otorga a estas guías valor vinculante, disponiendo que: «Las guías de interoperabilidad y seguridad de las tecnologías de la información y las comunicaciones que sean aprobadas en el seno del Comité técnico estatal de la Administración judicial electrónica **serán obligatorias para cada una de las instituciones y administraciones con competencias en materia de Justicia** a través de sus instrumentos normativos, de conformidad con sus competencias, y serán publicadas en sus Boletines o Diarios Oficiales correspondientes para su plena eficacia jurídica».

> **CUESTIÓN**
>
> **¿Qué guías de interoperabilidad y seguridad ha aprobado el CTEAJE?**
>
> Tal y como se recoge en la página web de la Administración de Justicia (https://www.administraciondejusticia.gob.es/cteaje/gu%C3%ADas-de-interoperabilidad) en cumplimiento de la derogada Ley 18/2011 reguladora del uso de las tecnologías de la información y la comunicación en la Administración de Justicia que disponía que el CTEAJE elaboraría y difundiría las correspondientes guías de interoperabilidad y seguridad de las tecnologías de la información y las comunicaciones, se han aprobado las siguientes guías:
>
> – Guía de interoperabilidad y seguridad de autenticación, certificados y firma electrónica.
> – Guía de interoperabilidad y seguridad del expediente judicial electrónico.
> – Guía de interoperabilidad y seguridad del documento judicial electrónico.
> – Guía de interoperabilidad y seguridad de digitalización certificada de documentos.
> – Guía de interoperabilidad y seguridad de procedimientos de copiado auténtico y conversión entre documentos judiciales electrónicos.

El Real Decreto-ley 6/2023, de 19 de diciembre, establece en su art. 88 *in fine* que el Esquema Judicial de Interoperabilidad y Seguridad incorporará las medidas técnicas y organizativas destinadas a garantizar y poder acreditar que el tratamiento de los datos de carácter personal es conforme con la normativa de protección de datos personales.

Por su parte, el art. 89 de la mentada norma, dispone que, para facilitar su comunicación e integración, **los sistemas de información y comunicación que se utilicen en la Administración de Justicia serán interoperables entre sí**, atribuyéndole al CTEAJE la competencia para determinar en qué términos.

También le corresponde al CTEAJE identificar y definir:

– Los metadatos mínimos obligatorios que deben contener los documentos judiciales.
– Los metadatos complementarios.

**CUESTIONES**

**1. ¿Qué debe asegurarse en los intercambios entre sistemas de las Administraciones Públicas?**

Los sistemas de Justicia deberán asegurar la incorporación, entrada y tratamiento, como mínimo, de los metadatos mínimos obligatorios, tanto en los intercambios entre sistemas de la Administración correspondiente, como en los intercambios con otras administraciones públicas con competencias en medios materiales y personales de la Administración de Justicia, y con otras administraciones públicas.

**2. ¿Las aplicaciones y servicios electrónicos del Consejo General de la Abogacía también deben interoperar con los sistemas de gestión procesal?**

Sí, tal y como se recoge en el art. 90 del Real Decreto-ley 6/2023, de 19 de diciembre:

*«Las aplicaciones y servicios electrónicos que los Consejos Generales de la Abogacía, de la Procura y de Graduados y Graduadas Sociales pongan a disposición de los y las profesionales deberán interoperar con los sistemas de gestión procesal, si fuera necesario a través de los servicios comunes a todas las administraciones competentes previstos en este real decreto-ley.*

*Reglamentariamente, previo informe del Comité técnico estatal de la Administración judicial electrónica, oídos los Consejos Generales, se establecerán para todo el ámbito estatal las condiciones y funcionalidades obligatorias de la interoperabilidad».*

**3. Y en el caso de los registros públicos con los que se relaciona la Administración de Justicia, ¿deben interoperar con los sistemas de gestión procesal?**

En este caso la respuesta también debe ser afirmativa, ya que el art. 91 del Real Decreto-ley 6/2023, de 19 de diciembre, establece que debe de garantizarse la accesibilidad y consulta, para fines jurisdiccionales, desde los órganos judiciales, oficias judiciales y oficinas fiscales, y la interoperabilidad con los sistemas de gestión procesal, de:

– Los registros electrónicos a disposición de los Registros de la Propiedad, Mercantiles y de Bienes Muebles.

– Cualquier otro Registro Público que se relacione con la Administración de Justicia.

– El protocolo electrónico de las notarías.

Para ello en el caso de que fuese necesario se recurrirá a los servicios comunes a todas las administraciones competentes previstos en el Real Decreto-ley 6/2023, de 19 de diciembre, posibilitando la automatización de interacciones habituales entre el órgano judicial y el registro o el órgano judicial y la notaría, que no exijan el ejercicio de la función calificadora ni de la fe pública.

La interconexión deberá realizarse por un protocolo electrónico de accesibilidad y consulta. Éste será único para toda la Administración de Justicia.

También se recoge en el último párrafo del art. 91 del Real Decreto-ley 6/2023, de 19 de diciembre, que «Del mismo modo, los registros electrónicos a los que se refiere este precepto, garantizarán la interoperabilidad con los sistemas utilizados por el resto de administraciones públicas, y sus organismos públicos y entidades de derecho público vinculadas y dependientes conforme a la normativa que sea de aplicación en cada caso».

Con relación a la cooperación jurídica internacional y las comunicaciones electrónicas transfronterizas hay que remitirse al art. 92 del Real Decreto-ley

6/2023, de 19 de diciembre, que regula las comunicaciones entre las oficinas judiciales y fiscales y el Ministerio de la Presidencia, Justicia y Relaciones con las Cortes en lo relativo a actos de cooperación jurídica internacional y comunicaciones electrónicas transfronterizas:

«1. Las comunicaciones entre los órganos judiciales unipersonales y colegiados, así como Fiscalía y las oficinas judiciales y fiscales, y el Ministerio de la Presidencia, Justicia y Relaciones con las Cortes, relativas a **actos de cooperación jurídica internacional** se realizarán por medios electrónicos que aseguren el cumplimiento de los requisitos técnicos establecidos en el presente real decreto-ley y los requisitos procesales y de contenido establecidos en el marco normativo vigente. Se exceptúan los casos en los que el Estado de destino no admita las comunicaciones electrónicas.

2. A tal fin, las administraciones públicas con competencias en medios materiales y personales de la Administración de Justicia implantarán soluciones que permitan la comunicación electrónica de datos y documentos entre los juzgados y tribunales, así como las oficinas judiciales y oficinas fiscales, y el Ministerio de la Presidencia, Justicia y Relaciones con las Cortes, en los términos previstos en el apartado anterior. Estas soluciones serán **interoperables con los sistemas de gestión procesal** y posibilitarán la entrada, incorporación y tratamiento de la información en forma de metadatos, conforme a esquemas comunes, y en modelos de datos.

3. Los sistemas informáticos de gestión procesal de la Administración de Justicia permitirán la *extracción automatizada de los datos relativos al sistema judicial* cuando por el derecho de la Unión Europea o tratado internacional en vigor el Estado esté obligado a comunicarlos a organismos internacionales. El Ministerio de la Presidencia, Justicia y Relaciones con las Cortes centralizará la información a los fines de su remisión al organismo correspondiente».

Es importante destacar que el Real Decreto-ley 6/2023, de 19 de diciembre, dedica una sección —en concreto, la sección 2.ª, del capítulo II, del título VII, del libro primero— a la ciberseguridad judicial, dictando normas para la elaboración y actualización de la política de seguridad de la información en la Administración de Justicia y previendo la existencia de dos órganos:

– Un Subcomité de Seguridad como órgano especializado y permanente del Comité Técnico Estatal de la Administración Judicial Electrónica.

– Un Centro de Operaciones de Ciberseguridad de la Administración de Justicia.

En primer lugar, el art. 93 del ya citado Real Decreto-ley 6/2023, atribuye al CTEAJE la competencia para elaborar y actualizar la política de seguridad de la información de la Administración de Justicia en lo referido a los siguientes aspectos:

– Organizativos.

– Técnicos.

– Físicos.

– De cumplimiento de normativa.

Como **características de esta política de seguridad de la información** podemos destacar las siguientes:

- Será de aplicación a todos los sistemas de información y comunicaciones que prestan servicios a la Administración de Justicia.
- Se aplicará de manera única.
- Tendrá que aprobarse por el CTEAJE.
- Se publicará como acuerdo del órgano de cooperación en el «Boletín Oficial del Estado» y en los Boletines o Diarios Oficiales de las Comunidades Autónomas con competencias asumidas en materia de Justicia, así como en el Punto de Acceso General de la Administración de Justicia y en las sedes judiciales electrónicas.

Los sistemas de información de la Administración de Justicia tendrán que acreditar su conformidad con el Esquema Judicial de Interoperabilidad y Seguridad, sin perjuicio de la declaración de conformidad y la certificación con el Esquema Nacional de Seguridad.

También deberán cumplir tanto esta política de seguridad, como los esquemas nacionales de interoperabilidad y seguridad, las guías de interoperabilidad y seguridad, y las instrucciones técnicas de seguridad del CTEAJE, las **entidades del sector privado** que provean de soluciones o presten servicios a las administraciones, a sus organismos y a las instituciones sometidas al Real Decreto-ley 6/2023, de 19 de diciembre.

En segundo lugar, el art. 94 del Real Decreto-ley 6/2023, de 19 de diciembre, contiene la obligación de actualización y mejora continua del proceso integral de seguridad, y del Esquema Judicial de Interoperabilidad y Seguridad.

A continuación, **se prevé la existencia de un Subcomité de Seguridad** (art. 95 del Real Decreto-ley 6/2023, de 19 de diciembre), **y de un Centro de Operaciones de Ciberseguridad de la Administración de Justicia** (art. 96 de la mentada norma).

Podemos definir el **Subcomité de Seguridad** como el órgano especializado y permanente para la ciberseguridad judicial del CTEAJE. Este subcomité estará integrado por:

- Aquellas personas con responsabilidad en materia de seguridad de cada una de las administraciones e instituciones integrantes del CTEAJE.
- Las personas que designe el Consejo General del Poder Judicial.
- Las personas que designe la Fiscalía General del Estado.

En el tercer apartado del art. 95 del Real Decreto-ley 6/2023, de 19 de diciembre, se señala que las funciones del Subcomité de Seguridad se determinarán reglamentariamente, y que su objetivo principal será establecer un **marco común de cooperación que permita la adopción de decisiones comunes y coordinadas en materia de ciberseguridad judicial**.

**CUESTIÓN**

**¿El CTEAJE debe respaldarse en el Subcomité de Seguridad para elaborar las guías de interoperabilidad y seguridad?**

Sí, así lo dispone el art. 95.4 del Real Decreto-ley 6/2023, de 19 de diciembre, que señala: «El Comité técnico estatal de la Administración judicial electrónica se apoyará en el Subcomité de Seguridad para la elaboración de las instrucciones técnicas y guías de interoperabilidad y seguridad necesarias, en cumplimiento del Esquema Nacional de Seguridad, así como de la normativa en materia de protección de datos de carácter personal».

Por otra parte, el **Centro de Operaciones de Ciberseguridad de la Administración de Justicia** tiene como objetivo reforzar las siguientes capacidades:

– De vigilancia.
– De prevención.
– De protección.
– De detección.
– De respuesta ante incidentes de ciberseguridad.
– De asesoramiento y apoyo a la gestión de la ciberseguridad de un modo centralizado.

Para lograr este objetivo, se prestará un conjunto de servicios horizontales de ciberseguridad a las Administraciones Públicas prestatarias del servicio público de Justicia.

**CUESTIÓN**

**¿Qué incluye la gestión de estos servicios?**

Esencialmente, la gestión de estos servicios incluye la implantación de la infraestructura técnica y herramientas, los procedimientos, la operación y otras cuestiones asociadas. Para concretar los datos a intercambiar y los medios de colaboración que se consideren necesarios se crearan grupos de trabajo, cuando se trate de Administraciones con competencias en ciberseguridad y servicios horizontales para los sistemas de la Administración de Justicia.

El art. 96 del Real Decreto-ley 6/2023, de 19 de diciembre, recoge en su último párrafo, que el Centro de Operaciones de Ciberseguridad de la Administración de Justicia será el encargado de dar respuesta a los incidentes de seguridad, independientemente tanto de las capacidades de respuesta a incidentes de seguridad que pueda tener cada Administración con competencias en Justicia e instituciones judiciales, como de la función de coordinación a nivel nacional e internacional del Equipo de Respuesta para Emergencias Informáticas del Centro Criptológico Nacional (CCN-CERT).

### La reutilización de aplicaciones y transferencia de tecnologías: el directorio general de información tecnológica judicial

A la hora de hablar de la reutilización de sistemas, infraestructuras y aplicaciones de propiedad de las administraciones con competencias en materia de Justicia, hay que partir de que las administraciones titulares de los derechos de propiedad intelectual de aplicaciones, ya sea porque las han desarrollado o porque las han contratado, deberán ponerlas a disposición de cualquier institución judicial o Administración Pública. Para ello no podrán exigir contraprestación alguna, y no será necesaria la firma de un convenio.

**CUESTIÓN**

**¿Qué se exige a las Administraciones Públicas con competencias en Justicia antes de adquirir o desarrollar una aplicación?**

Con carácter previo a la adquisición, al desarrollo o al mantenimiento de una aplicación, las Administraciones Públicas con competencias en Justicia, tendrán que consultar en el directorio general de aplicaciones del Ministerio de la Presidencia, Justicia y Relaciones con las Cortes, y en su caso, deberán consultar en el directorio general de aplicaciones, dependiente de la Administración General del Estado si ya existen soluciones disponibles para su reutilización. En caso de que dichas soluciones estén disponibles para su reutilización, «(...) las administraciones públicas con competencias en medios materiales y personales de la Administración de Justicia podrán reutilizarla previa formalización de convenio de acuerdo con lo establecido en el artículo 47 de la Ley 40/2015, de 1 de octubre, de Régimen Jurídico del Sector Público». (Art. 97.3 del Real Decreto-ley 6/2023, de 19 de diciembre).

Por su parte, el art. 98 del Real Decreto-ley 6/2023, de 19 de diciembre, contiene un mandato al Ministerio de la Presidencia, Justicia y Relaciones con las Cortes para que mantenga un directorio general de aplicaciones judiciales para su reutilización.

También se establece que las distintas administraciones deberán mantener directorios actualizados de aplicaciones para su libre reutilización, sobre todo en campos de especial interés para el desarrollo de la administración electrónica.

**A TENER EN CUENTA.** Las administraciones con competencias en Justicia tendrán en cuenta las soluciones disponibles para la libre reutilización que puedan satisfacer sus necesidades, tanto en el caso de sistemas y servicios nuevos, como de la actualización de los ya existentes. Podrán adherirse voluntariamente a las plataformas, aplicaciones y registros establecidos.

## || La protección de datos de carácter personal

Los arts. 99 y 100 del Real Decreto-ley 6/2023, de 19 de diciembre, contienen la regulación de la protección de datos en dos ámbitos:

– En el uso de los medios tecnológicos e informáticos.

– En los documentos judiciales electrónicos.

En el primer caso cuando los sistemas que se empleen en la Administración de Justicia traten datos personales que se vayan a incorporar a un proceso judicial o a un expediente fiscal para fines jurisdiccionales, deberán ajustarse a lo dispuesto en:

– Los artículos 236 bis a 236 decies de la Ley Orgánica 6/1985, de 1 de julio, del Poder Judicial.

– El artículo 2, párrafos 4 y 5, de la Ley Orgánica 3/2018, de 5 de diciembre, de Protección de Datos Personales y garantía de los derechos digitales.

– El artículo 2.2 de la Ley Orgánica 7/2021, de 26 de mayo, de protección de datos personales tratados para fines de prevención, detección, investigación y enjuiciamiento de infracciones penales y de ejecución de sanciones penales.

En el segundo caso, con relación a la protección de datos en los documentos judiciales electrónicos, se establece que las oficinas judiciales y fiscales deben disponer de los medios tecnológicos adecuados para la realización automatizada de la anonimización, seudonimización y disociación de los datos de carácter personal. Para ello, las resoluciones procesales y judiciales deberán adecuarse a un formato normalizado que acordará el CTEAJE.

# 9.
# OTRAS MEDIDAS DE EFICIENCIA PROCESAL DEL SERVICIO PÚBLICO DE JUSTICIA INTRODUCIDAS A TRAVÉS DE LA MODIFICACIÓN DE LA LECRIM, LA LJCA, LA LEC Y LA LRJS

## Eficiencia procesal del servicio público de Justicia

El Real Decreto-ley 6/2023, de 19 de diciembre, en el título VIII del libro primero, recoge las medidas de eficiencia procesal del servicio público de Justicia. Estas medidas se establecen mediante la modificación de diferentes leyes procesales con el fin de armonizar la regulación procesal civil, penal, contencioso-administrativa y social con el contexto de tramitación electrónica.

La entrada en vigor de estas modificaciones se establece para el 20 de marzo de 2024.

A continuación, haremos un breve análisis de algunas de las principales novedades introducidas en la legislación procesal, con el fin de una mayor digitalización de los juzgados y tribunales al objeto de mejorar la eficiencia del servicio público de Justicia.

### ‖ Modificación de la LECrim

#### | Actos procesales mediante presencia telemática

Una de las principales novedades en la ley procesal penal es la creación, en el libro I, de un título XIV, con el título: «De los actos procesales mediante presencia telemática». Este título se compone únicamente del art. 258 bis, el cual se crea para regular la celebración de los actos procesales mediante presencia telemática.

Por medio de esta modificación trata de darse preferencia a la presencia telemática en los actos de juicio, vistas, audiencias, comparecencias, declaraciones y, en general, todas las actuaciones procesales, dejando a salvo la potestad del juez o tribunal de disponer otra cosa. En las citaciones habrá de hacerse constar la posibilidad de declarar de forma telemática. Estas intervenciones se practicarán siempre a través de un punto de acceso seguro, conforme a la normativa sobre el uso de la tecnología en la Administración de Justicia.

Se establecen situaciones distintas en función de los distintos delitos:

- En los juicios por delito grave y los juicios de Tribunal de Jurado: se requiere la presencia física del acusado.

- En los juicios por delito menos grave si la pena excede de dos años de prisión, o de seis en caso de penas de distinta naturaleza, y en el resto de los delitos, el acusado comparecerá físicamente si así lo solicita él o su letrado, o si el órgano judicial lo considera necesario.

También se establece que el acusado debe comparecer en juicio de manera física cuando resida en la misma demarcación del órgano judicial, salvo que concurran causas justificadas o de fuerza mayor.

> **CUESTIÓN**
>
> **Cuando se dispone la presencia física del investigado o acusado, ¿debe comparecer físicamente su defensa letrada?**
>
> Sí, se establece que en estos casos también será necesaria la presencia física de su defensa letrada. Añadiendo que cuando declare telemáticamente el acusado o investigado, su abogado comparecerá junto con este o en la sede del órgano judicial.

Si el acusado decide no comparecer en la sede del órgano judicial, deberá notificarlo con un mínimo de 5 días de antelación.

El apartado tercero del nuevo art. 258.bis recalca la importancia de garantizar las declaraciones o interrogatorios de forma telemática en los siguientes casos:

- Cuando se trate de víctimas de violencia de género, de violencia sexual, de trata de seres humanos o cuando sean víctimas menores de edad o con discapacidad.

- Cuando el testigo o perito comparezca en su condición de autoridad o funcionario público.

Con relación a la intervención telemática de las víctimas de violencia de género, violencia sexual, trata de seres humanos o menores de edad o con discapacidad, podrán intervenir, desde los lugares donde se encuentren recibiendo oficialmente asistencia, atención, asesoramiento o protección, o desde cualquier otro lugar siempre que dispongan de medios suficientes para asegurar su identidad y las adecuadas condiciones de la intervención.

## | Digitalización en la publicación de requisitorias y edictos

Por medio de la reforma se reemplaza la publicación de requisitorias y edictos en el BOE, diarios oficiales y periódicos por su remisión al Sistema de Registros Administrativos de Apoyo a la Administración de Justicia y la publicación en el Tablón Edictal Judicial Único.

El art. 512 de la LECrim se encarga de regular las requisitorias que acuerda el juez respecto al presunto reo que no se halla en su domicilio o del que se ignore su paradero. Con la reforma analizada se establece que estas requisitorias se enviarán al Sistema de Registros Administrativos de Apoyo a la Administración de Justicia (SIRAJ), dando las órdenes que se estimen oportunas a las Fuerzas y Cuerpos de Seguridad del Estado y a los Cuerpos de Policía Autonómica de aquellas comunidades autónomas con competencias en materia de seguridad pública.

En todo caso el SIRAJ remitirá la información para su publicación en el Tablón Edictal Judicial Único, garantizándose la interoperabilidad entre ambas plataformas.

Tanto la requisitoria original como el justificante de envío realizado al SIRAJ y de su remisión al Tablón Edictal Judicial deberán unirse a la causa, conforme recoge el art. 514 de la LECrim.

En el mismo sentido el 643 de la LECrim para los casos en los que el Ministerio Fiscal solicite el sobreseimiento, ya sea libre o provisional, y en la causa no se hubiere presentado querellante particular que esté dispuesto a sostener la acusación, el tribunal podrá acordar que se haga saber a los interesados en el ejercicio de la acción penal. En caso de que el paradero de los interesados fuere desconocido se les llamará por edictos los cuales se publicarán en el Tablón Edictal Único.

## | Documentación electrónica de las sesiones del juicio oral

Preceptúa el art. 743 de la LECrim, tras la reforma, que la oficina judicial debe asegurar la correcta incorporación de las grabaciones de las sesiones del juicio oral y demás actuaciones al expediente judicial electrónico. En caso de que los sistemas no proveen expediente judicial electrónico, el letrado de la Administración de Justicia deberá custodiar el documento electrónico.

## || Modificación de la LJCA

El objeto de esta reforma es la de dotar a los juzgados y tribunales de herramientas que les permita agilizar la tramitación y resolución de los pleitos. Por medio de esta reforma se profundiza en el uso de medios electrónicos, introduciendo la obligación de que la Administración remita a los órganos jurisdiccionales el expediente administrativo en soporte electrónico.

## | Funcionarios obligados al empleo de sistemas electrónicos

El art. 23 de la LJCA que se encarga de regular la representación de las partes en las actuaciones en el ámbito contencioso-administrativo establece que la representación podrá conferirse electrónicamente a través de los medios establecidos para ello.

Establece también, en su apartado tercero con relación a los funcionarios que comparezcan por sí mismos en la defensa de sus derechos estatutarios, que estarán obligados al empleo de los sistemas electrónicos existentes. Deberán emplear estos medios para la remisión de escritos, sean iniciadores o no, y demás documentos, así como la recepción de notificaciones.

Tanto la remisión como la recepción se harán de forma tal que esté garantizada su autenticidad y quede constancia fehaciente de la remisión y recepción íntegras, así como de la fecha en que se hicieren.

### | Oficio anunciando la interposición del recurso

Con la modificación realizada por el Real Decreto-ley 6/2023, de 19 de diciembre, se introduce en el art. 47 de la LJCA la previsión de que el oficio se remita electrónicamente para su publicación por el órgano competente, en los casos en que lo solicite el recurrente una vez se haya admitido a trámite el recurso. Esta nueva previsión no impide la publicación, a costa del recurrente, en el periódico oficial que proceda atendiendo al ámbito territorial de competencia del órgano autor de la actividad administrativa recurrida.

### | Remisión electrónica del expediente

El art. 48 de la LJCA establece en su nueva redacción que la Administración remitirá el expediente completo, en soporte electrónico, foliado, autenticado y acompañado de un índice, asimismo autenticado, en el que se concreten los documentos que contiene. En caso de que el expediente sea reclamando por varios juzgados o tribunales la Administración enviará copias en soporte electrónico con los mismos requisitos anteriores.

También se remitirá en soporte electrónico el expediente de elaboración, cuando el recurso contra la disposición se hubiera iniciado por demanda.

Para la remisión electrónica del expediente la Administración utilizará los sistemas de interoperabilidad que resulten aplicables, al objeto de que el expediente administrativo en soporte electrónico quede automáticamente integrado en los sistemas de gestión procesal correspondientes.

Una de las consecuencias de establecer la remisión electrónica del expediente, es que se han eliminado las referencias a la devolución del expediente que estaban previstas en los arts. 59.4, 74.3 y 76.2 de la LJCA.

En la misma línea el art. 52 de la LJCA, tras la reforma, señala que la incorporación del expediente a los autos se hará en soporte electrónico. Así mismo, señala que la remisión a las partes se hará por vía telemática o a través del punto de acceso electrónico al expediente judicial.

### | Documentación electrónica de las sesiones del juicio oral

Las sesiones del juicio oral, así como el resto de actuaciones orales, se documentan conforme a los arts. 146 y 147 de la LEC. El art. 63.3 de la LJCA establece que la oficina judicial debe asegurar la correcta incorporación de la grabación al expediente judicial electrónico. En caso de que los sistemas no proveen expediente judicial electrónico el letrado de la Administración de Justicia custodiará en documento electrónico que sirva de soporte a la grabación. Las partes podrán pedir, a su costa copia, o en su caso, acceso electrónico de las grabaciones originales.

### | Intento de acuerdo por medios electrónicos

El art. 77 de la LJCA reconoce la posibilidad de que, en los procedimientos en primera o única instancia, una vez se hayan formulado la demanda y la contestación se podrá someter a la consideración de las partes el reconocimiento de hechos o documentos, así como la posibilidad de alcanzar un acuerdo que ponga fin a la controversia, cuando el juicio se promueva sobre materias susceptibles de transacción y, en particular, cuando verse sobre estimación de cantidad.

Con la reforma llevada a cabo mediante Real Decreto-ley 6/2023, de 19 de diciembre, se establece la posibilidad de que estas actuaciones se lleven cabo por medios electrónicos.

> **A TENER EN CUENTA.** Se introduce una disposición adicional 13ª que establece que todas las referencias hechas en la LJCA al expediente administrativo deberán entenderse hechas a la expediente administrativo en soporte electrónico.

## ‖ Modificación de la LEC

### | Apoderamiento del procurador

El art. 24 de la LEC, encargado de regular el apoderamiento del procurador, establece que el poder podrá conferirse:

– Por comparecencia electrónica, a través de una sede judicial electrónica, en el registro electrónico de apoderamientos apud acta.

– Ante notario o por comparecencia personal, sea presencial o por medios electrónicos, ante el letrado de la Administración de Justicia de cualquier oficina judicial. En estos casos se procederá a la inscripción en el Registro Electrónico de Apoderamientos Judiciales.

Con la nueva redacción el art. 24.2 de la LEC establece que la representación procesal se acreditará mediante consulta automatizada orientada al dato que confirme la inscripción en el Registro Electrónico de Apoderamientos Judiciales, cuando el sistema así lo permita. En otro caso, se acreditará mediante la certificación de la inscripción en el Registro Electrónico de Apoderamientos Judiciales.

El apartado 3 regula la posibilidad de que los apoderamientos inscritos en el Registro Electrónico de Apoderamiento de la Administración General del Estado produzcan efectos en el procedimiento judicial. Para ello es preciso que se ajusten a los previsto en la LEC y que se cumplan los requisitos técnicos previstos en la ley que se encargue de regular los usos de la tecnología en la Administración de Justicia, así como en su desarrollo reglamentario o normativa técnica.

### | Actuaciones judiciales y actos procesales mediante presencia telemática

El Real Decreto- ley 6/2023, de 19 de diciembre, realiza una profunda modificación del capítulo I del título V del libro I que tras la reforma pasa a denominarse «Del lugar de las actuaciones judiciales y de los actos procesales mediante presencia telemática».

El art. 129 de la LEC con relación al lugar de las actuaciones judiciales señala que éstas se realizarán en la sede de la oficina judicial. Sin embargo, prevé una regulación especial para aquellos supuestos en los que la actuación judicial tenga que realizarse fuera del partido judicial en el que se encuentra la sede del tribunal, señalando para estos casos que las actuaciones judiciales se practicarán:

- – Siempre que sea posible, mediante videoconferencia.

- – Mediante auxilio judicial.

> **A TENER EN CUENTA.** El apartado 3 del art. 129 de la LEC, establece que los tribunales podrán constituirse en cualquier lugar del territorio de su circunscripción para la práctica de las actuaciones cuando fuere necesario o conveniente para la buena administración de justicia.

A este precepto se le añade un apartado 4 que establece «Las actuaciones judiciales también se podrán realizar a través de videoconferencia, en los términos establecidos en el artículo 229 de la Ley Orgánica 6/1985, de 1 de julio, del Poder Judicial».

**CUESTIONES**

**1. ¿Qué dice el art. 229 de la LOPJ sobre las videoconferencias?**

El art. 229.3 de la LOPJ señala que las actuaciones judiciales podrán realizarse por medio de videoconferencia u otro sistema similar que permita la comunicación bidireccional y simultánea de la imagen y el sonido y la interacción visual, auditiva y verbal entre dos personas o grupos de personas geográficamente distantes, asegurando en todo caso la posibilidad de contradicción de las partes y la salvaguarda del derecho de defensa.

**2. ¿Cómo se acredita la identidad de las personas que intervienen por medio de videoconferencia?**

Será el letrado de la Administración de Justicia el encargado de acreditar las identidades de las personas que intervengan a través de videoconferencia. Esta acreditación puede verificarse:

- – Previa remisión o exhibición directa de documentación.

- – Conocimiento personal.

- – Cualquier otro medio procesal idóneo.

La LEC por medio del art. 129 bis señala la preferencia de la presencia telemática para realizar los actos de juicio, vistas, audiencias, comparecencias, declaraciones y, en general, todos los actos procesales. La intervención se practicará siempre a través de un punto de acceso seguro, conforme con la normativa que regula el uso de la tecnología en la Administración de Justicia.

Los actos procesales se realizarán por medio de presencia telemática siempre que las oficinas judiciales tengan a su disposición los medios técnicos necesarios para ello.

Si bien la regla general es la preferencia de presencia telemática, el apartado segundo del art. 129 bis de la LEC establece un listado de numerosos supuestos en los que se requiere la presencia física de la persona, con ciertas excepciones.

**CUESTIÓN**

**Según el art. 129 bis, ¿qué actos requieren la presencia física de la persona que debe de intervenir?**

Se requiere la presencia física del interviniente y, si se trata de una de las partes, de su defensa letrada, en los actos que tengan por objeto la audiencia, declaración o interrogatorio de partes, testigos o peritos, la exploración de la persona menor de edad, el reconocimiento judicial personal o la entrevista a persona con discapacidad, salvo que el juez o tribunal disponga otra cosa, que la persona que debe intervenir resida en otro municipio o que el interviniente lo haga en su condición de autoridad o funcionario público.

En cualquier caso, el uso de métodos electrónicos no puede suponer que no se respeten los derechos de todas las partes, por ello se deben adoptar medidas que garanticen su protección. Debe ponerse especial atención en el derecho a la asistencia letrada efectiva, a la interpretación y traducción y a la información y acceso a los expedientes judiciales.

## | Impedimentos para presentar escritos

Los escritos y documentos en formato electrónico pueden presentarse todos los días del año durante las veinticuatro horas. Sin embargo, es posible que en determinados momentos se produzcan ciertas interrupciones o limitaciones que impidan la presentación, estas incidencias tienen especial relevancia cuando existe un plazo para la presentación del escrito o la aportación de documentación.

Es por ello que el art. 135.2 de la LEC señala las soluciones a estas incidencias:

- Interrupción no planificada del servicio de comunicaciones telemática o electrónicas. Siempre que sea posible se dispondrán medidas para que el usuario resulte informado de esta circunstancia, así como de los efectos de la suspensión, con indicación expresa, en su caso, de la prórroga de los plazos de inminente vencimiento. En cualquier caso, el remitente podrá presentarlo en la oficina judicial el primer día hábil siguiente acompañando el justificante de dicha interrupción.

- Interrupción planificada. Deberá anunciarse con la antelación suficiente, informando de los medios alternativos de presentación que en tal caso procedan.

- Limitaciones en el uso de soluciones tecnológicas en la Administración de Justicia. El remitente podrá proceder a su presentación el primer día hábil siguiente, justificándolo suficientemente ante la oficina judicial.

- Imposibilidad por la naturaleza del documento o tamaño del archivo. El remitente deberá proceder a la presentación del escrito por medios electrónicos y presentar en la oficina judicial dentro del primer día hábil siguiente el documento que no haya podido adjuntar.

## | Actuaciones judiciales mediante el sistema de videoconferencia

Por medio del Real Decreto-ley 6/2023, de 19 de diciembre, se introduce el art. 137 bis de la LEC cuyo objeto es regular la realización de actuaciones judiciales mediante el sistema de videoconferencia.

El uso de medios de videoconferencia deberá solicitarse con la antelación suficiente y, en todo caso, diez días antes del señalado para la actuación correspondiente. En todo caso el uso de medios de videoconferencia deberá realizarse garantizando la accesibilidad universal.

Las actuaciones judiciales realizadas por videoconferencia deben documentarse mediante sistemas de grabación y reproducción de la imagen y del sonido. El tribunal debe velar para que se dé cumplimiento al principio de publicidad, para lo cual acordará las medidas necesarias para que las actuaciones procesales que sean públicas y se celebren por videoconferencia sean accesibles a los ciudadanos.

Con relación al lugar desde el cual se debe llevar a cabo la actuación por videoconferencia, tanto los profesionales como las partes, peritos y testigos, deberán intervenir desde la oficina judicial correspondiente al partido judicial de su domicilio o lugar de trabajo. Si el juzgado de paz de su domicilio o lugar de trabajo dispone de medios adecuados, dicha intervención podrá llevarse a cabo desde el mismo.

El apartado 3 del art. 137 bis de la LEC establece que, si lo estima oportuno el juez, atendiendo a las circunstancias concurrentes, las intervenciones podrán hacerse desde cualquier lugar siempre que disponga de los medios que permitan asegurar la identidad del interviniente conforme a lo que se determine reglamentariamente. Esta posibilidad se excluye cuando el declarante sea menor de edad o persona sobre la que verse un procedimiento de medidas judiciales de apoyo de personas con discapacidad.

Se regula, así mismo, una previsión especial para las víctimas de violencia de género, violencia sexual, trata de seres humanos y víctimas menores de edad o con discapacidad. En estos supuestos podrán intervenir desde los lugares donde se encuentren recibiendo oficialmente asistencia, atención, asesoramiento y protección, o desde cualquier otro lugar si así lo estima oportuno el juez. Para ello es necesario que el lugar disponga de medios suficientes para asegurar la identidad y las adecuadas condiciones de la intervención conforme a lo que se determine reglamentariamente.

---

**A TENER EN CUENTA.** Todo lo dispuesto en el art. 137 bis de la LEC resulta de aplicación a las actuaciones que hayan de realizarse únicamente ante los letrados de la Administración de Justicia.

---

## | Documentación de actuaciones por medios técnicos de grabación o reproducción de la imagen y sonido

Las actuaciones orales en vistas, audiencias y comparecencias se registrarán en soporte apto para la grabación y reproducción del sonido y de la imagen. Tras la reforma del art. 147 de la LEC por el Real decreto-ley 6/2023, de 19 de diciembre, se determina que la oficina judicial deberá asegurar la correcta incorporación de la grabación al expediente judicial electrónico.

En caso de que los sistemas no proveen expediente judicial electrónico, el letrado de la Administración de Justicia deberá custodiar el documento electrónico que sirva de soporte a la grabación. Las partes podrán pedir, a su costa, copia o acceso de las grabaciones originales.

## | Formación del expediente electrónico

El art. 148 de la LEC establece la obligación de los letrados de la Administración de Justicia de la debida formación de los autos. Así mismo responden de la conservación y custodia de los mismos, salvo el tiempo en que estuvieran en poder del juez o magistrado.

Con la reforma objeto de análisis, también se atribuye a los letrados de la Administración de Justicia la formación del expediente judicial electrónico, en los casos en que el juzgado cuente con el mismo. El LAJ responderán de su debida formación, aplicando u ordenando la aplicación, dentro del ámbito de su competencia, de la normativa sobre archivo judicial electrónico.

## | Actos de comunicación por medios electrónicos

El art. 152.2 de la LEC, tras la reforma, preceptúa que los actos de comunicación se practicarán por medios electrónicos, en los siguientes casos:

- Cuando los sujetos intervinientes en un proceso estén obligados al empleo de los sistemas electrónicos existentes en la Administración de Justicia conforme a lo señalado en el art. 273 de la LEC.

- Cuando, no estando comprendidos en el apartado anterior, los intervinientes se hayan obligado contractualmente a hacer uso de los medios electrónicos existentes en la Administración de Justicia para resolver los litigios que se deriven de esa relación jurídica concreta que les vincula, debiendo indicar los medios de los que pretenden valerse. En los contratos de adhesión en los que intervengan consumidores y usuarios, el acto de comunicación se practicará conforme a los dispuesto para aquellos supuestos en los que los intervinientes no estén obligados a relacionarse electrónicamente con la Administración de Justicia, siendo esta última forma la que tendrá validez a efectos de cómputo de plazos.

- Cuando, sin estar obligados, opten por el uso de medios electrónicos.

La notificación se realizará conforme a las disposiciones contenidas en la normativa reguladora del uso de las tecnologías de la información y la comunicación en la Administración de Justicia.

Cuando los actos de comunicación deban ir acompañados de otros elementos que no sean susceptibles de conversión en formato electrónico, deberá practicarse igualmente por medios electrónicos indicando la forma por la que se va a hacer entrega de dichos elementos. En caso de que este acto de comunicación dé lugar a la apertura de un plazo procesal, este empezará a computar desde el momento en que consten recibidos por el destinatario todos los elementos que componen el acto.

En el supuesto de que un acto de comunicación se practicase dos o más veces, tendrá eficacia a efectos procesales la primera fecha en que se hubiese verificado, con independencia del medio que se hubiere empleado. Lo anterior se entiende salvo para aquellos casos en los que las leyes procesales prevean expresamente la posibilidad de que una resolución se comunique más de una vez, en cuyo caso tendrá los efectos que dichas leyes determinen.

### Actos de comunicación con las partes aún no personadas o no representadas por procurador

El art. 155 de la LEC se encarga de regular los actos de comunicación que se realizan con partes que aún no se encuentran personadas o representadas por procurador. Este precepto ha sido totalmente modificado a través del Real Decreto-ley 6/2023, de 19 de diciembre. Con relación a este tipo de actos de comunicación deben distinguirse dos tipos de situaciones:

– Cuando la parte venga obligada legal o contractualmente a relacionarse electrónicamente con la Administración de Justicia.

– Cuando la parte no venga obligada a relacionarse electrónicamente con la Administración de Justicia.

En el caso de que la parte esté obligada a relacionarse electrónicamente el acto de comunicación se realizará por medios electrónicos conforme a lo que dispone el art. 162 de la LEC. Ahora bien, si el objeto del acto de comunicación en el primer emplazamiento o citación, o la realización o intervención personal de las partes en determinadas actuaciones procesales y transcurrieran tres días sin que el destinatario acceda a su contenido, se procederá a su publicación por la vía del Tablón Edictal Judicial Único. También podrá practicarse mediante entrega de la copia de la resolución si el obligado se personase en la sede del órgano judicial, dejando constancia de ello en la diligencia que se extienda.

Si la persona no está obligada a relacionarse por medios electrónicos, deberá estarse a lo que dispone el art. 155.2 de la LEC:

«a) Si se trata del primer emplazamiento o citación al demandado, se podrá practicar por remisión a su domicilio, o en forma telemática en los términos previstos en el artículo 162.

El acto de comunicación practicado por medios electrónicos producirá plenos efectos procesales sólo en el caso de que fuese aceptado voluntariamente por su destinatario. Si puesto a disposición del destinatario en la sede judicial electrónica, no constara la recepción por el destinatario en plazo de tres días, se practicará por remisión al domicilio.

En todo caso, si constara una dirección de correo electrónico o servicio de mensajería de contacto del destinatario, se dará aviso informativo de la puesta a su disposición de la resolución tanto en el órgano judicial como en la sede judicial electrónica.

b) Si el acto de comunicación, no siendo primer emplazamiento o citación, tuviese por objeto la realización o intervención personal de las partes en determinadas actuaciones procesales, se practicará en los términos del literal a), excepto que el interviniente no obligado a ello haya optado previamente por el uso de medios electrónicos, en cuyo caso se estará a lo establecido en el literal c) para estos supuestos.

c) En el caso de actos de comunicación distintos de los previstos en los literales a) y b), las comunicaciones efectuadas surtirán plenos efectos en cuanto se acredite la correcta remisión de lo que haya de comunicarse a cualquiera de los lugares que se hayan designado como domicilio aunque no conste su recepción por el destinatario, o cuando el destinatario, sin estar obligado, haya optado por el uso de medios electrónicos y la comunicación se haya remitido en los términos previstos en el artículo 162, habiendo transcurrido tres días sin que el destinatario acceda a su contenido».

En cuanto al domicilio que debe tener presente el juzgado para las comunicaciones será:

– Demandante: el que haya hecho constar en la demanda o en la petición o solicitud que inicie el proceso.

– Demandado: el demandante designará uno o varios lugares de los señalados en el apartado 3 del art. 155 de la LEC.

## | Efectos del acto de comunicación electrónica

En los supuestos en los que conste que el acto de comunicación se ha remitido correctamente por medios electrónicos, y hayan transcurrido tres días sin que el destinatario acceda a su contenido, se entenderá que la comunicación ha sido efectuada legalmente desplegando plenamente sus efectos. La modificación de este precepto ha establecido que los plazos para desarrollar actuaciones procesales comenzarán a computarse desde el día hábil siguiente al tercero.

Se exceptúan aquellos supuestos en los que el destinatario justifique que no pudo acceder al sistema de notificaciones durante ese periodo. Si la falta de acceso se debe a causas técnicas y éstas persistiesen en el momento de ponerse en conocimiento de la Administración de Justicia, el acto de comunicación se practicará mediante entrega de copia de la resolución.

Si el acceso se produce una vez han transcurrido los tres días, pero antes de que se efectúe la comunicación mediante entrega, se entenderá válidamente realizada la comunicación en la fecha que conste resguardo acreditativo de la recepción electrónica.

El Real Decreto-ley 6/2023, de 19 de diciembre, introduce en el art. 162 la excepción de los supuestos de fuerza mayor en que los colegios de procuradores hayan suspendido el reenvío del servicio de notificaciones durante el plazo máximo tres días según lo dispuesto en el art. 151.2 de la LEC.

Otra previsión novedosa de este precepto es la imposibilidad de practicar actos de comunicación a los profesionales por vía electrónica durante los días del mes de agosto ni durante los días que median entre el 24 de diciembre y el 6 de enero del año siguiente, ambos inclusive, salvo que sean hábiles para las actuaciones que corresponda.

## | Exclusión de exhorto para el auxilio judicial

No será necesario la solicitud del auxilio judicial a través de exhorto, cuando tenga por objeto la petición de datos o documentos que obren en expedientes judiciales electrónicos o metadatos en sistemas electrónicos de otros órganos de la Administración de Justicia. Esto será posible siempre que los medios electrónicos a disposición de los órganos implicados lo permitan.

En este caso el auxilio judicial se prestará por los medios electrónicos que se habiliten al efecto que, en todo caso, deberán asegurar la identificación del órgano transmisor y receptor, así como del momento y contenido de la solicitud y de la transmisión.

Tampoco será preceptivo el exhorto en el caso de actuaciones procesales que hayan de celebrarse con participación telemática de todos o algunos de los intervinientes desde una oficina judicial.

### | Archivo de las sentencias

Establece el art. 212.4 de la LEC que en los casos en que el tribunal no cuente con expediente judicial electrónico los letrados de la Administración de Justicia pondrán en los autos certificación literal de las sentencias y demás resoluciones definitivas.

Cuando el tribunal cuente con expediente judicial electrónico, se velará por la incorporación y constancia en el mismo de la sentencia, firmada electrónicamente en los términos que prevea la normativa que regule el uso de la tecnología en la Administración de Justicia.

### | Libros electrónicos

Tanto el art. 213 de la LEC, como el 213 bis de la LEC con la reforma operada por el Real Decreto-ley 6/2023, de 19 de diciembre, establecen con relación al libro de sentencias y al libro de decretos, respectivamente, que cuando los sistemas informáticos permitan la generación de libros electrónicos, el letrado de la Administración de Justicia velará por el adecuado uso de los sistemas.

### | Certificación del apoderamiento

Conforme al art. 264 de la LEC con la demanda o la contestación debe presentarse:

- La certificación del registro electrónico de apoderamientos judiciales o referencia al número asignado por dicho registro.
- Los documentos que acrediten la representación que el litigante se atribuya.
- Los documentos o dictámenes que acrediten el valor de la cosa litigiosa, a efectos de competencia y procedimiento.

### | Presentación de escritos y documentos

Los profesionales de la justicia tienen obligación de presentar los escritos y documentos empleando los sistemas telemáticos o electrónicos existentes en la Administración de Justicia. Con la reforma de 2023 se ha establecido que los escritos y documentos presentados por vía telemática o electrónica indicarán el tipo y número de expediente y año al que se refieren e irán debidamente referenciados mediante un índice electrónico que permita su debida localización y consulta. El escrito principal deberá incorporar firma electrónica.

Si se considera de interés, el escrito principal podrá hacer referencia a los documentos adicionales, siempre y cuando exista una clave que relacione esa referencia de manera unívoca por cada uno de los documentos, y, a su vez, asegure de manera efectiva su integridad.

### | Constancia interrogatorio domiciliario

La nueva redacción del art. 312 de la LEC establece que cuando se cuente con los medios tecnológicos necesarios y el juez o tribunal aprecie que resulta posible la grabación del interrogatorio sin que por ello se vea afectada la protección de la intimidad o dignidad de la persona, así lo ordenará. Es posible que la grabación se limite al audio.

En estos casos el letrado de la Administración de Justicia garantizará la autenticidad e integridad de lo grabado o reproducido mediante la utilización de firma electrónica u otro sistema de seguridad que conforme a la ley ofrezca tales garantías.

### | Medios técnicos de constancia del reconocimiento judicial

Para dejar constancia de los que sea objeto de reconocimiento judicial y de las manifestaciones de quienes intervengan en él, se utilizarán medios de grabación de imagen y sonido u otros instrumentos semejantes.

La autenticidad e integridad de lo grabado o reproducido se realizará, siempre que sea posible, a través de la utilización de firma electrónica u otro sistema de seguridad. En caso de que esto no sea posible se confeccionará acta escrita y se consignará en ella cuanto sea necesario para la identificación de las grabaciones, reproducciones o exámenes llevados a cabo, que habrán de incorporarse al expediente judicial electrónico, o en su defecto, conservarse por el letrado de la Administración de Justicia.

### | Régimen de notificaciones en rebeldía

Tras la reforma realizada a través del Real Decreto-ley 6/2023, de 19 de diciembre, el art. 497 de la LEC señala que la resolución por la que se declare la rebeldía se le notificará al demandado en forma electrónica cuando tenga obligación legal o contractual de relacionarse con la Administración de Justica por dichos medios.

En caso de que no exista obligación de relacionarse por medios electrónicos, la notificación se hará por correo, si el domicilio fuera conocido y, si no lo fuere, mediante edictos.

La sentencia o resolución que ponga fin al proceso se notificará al demandado personalmente. Si el demandado se hallare en paradero desconocido, la notificación se hará publicando un extracto de la misma en el Tablón Edictal Judicial Único.

### | Lugar del requerimiento de pago

La nueva redacción del art. 582 de la LEC permite que el requerimiento de pago se realice a tevés de la sede judicial electrónica en el caso de que el ejecutado esté obligado a intervenir con la Administración de Justicia a través de medios electrónicos.

**CUESTIÓN**

**¿Los funcionarios deben recibir formación en el uso de sistemas de gestión procesal u otros electrónicos?**

Sí, es responsabilidad de la Administración competente la adecuada formación de los funcionarios para el cumplimiento de su obligación de correcto uso de tales sistemas. Así lo dispone la disposición adicional novena de la LEC que se introdujo por medio del Real Decreto-ley 6/2023, de 19 de diciembre.

## ‖ Modificación de la LRJS

### | Forma de otorgar poder de representación

Los arts. 18 y 19 de la LRJS se refieren a la representación de las partes señalando que el poder de representación al abogado, procurador o graduado social puede conferirse mediante poder otorgado por comparecencia ante el letrado de la Administración de Justicia, a través del registro electrónico de apoderamiento *apud acta* o por escritura pública.

### | Conciliación o mediación sin profesionales designados

El art. 66.1 de la LRJS tras la reforma por el Real Decreto-ley 6/2023, de 19 de diciembre, establece que en los casos en los que las partes hayan comparecido en el acto de conciliación o mediación sin profesionales designados deberán aportar su número de teléfono, dirección de correo electrónico o cualquier otro medio idóneo que permita su comunicación telemática facilitada, siempre que se cumplan los requisitos establecidos en la ley que regule el uso de las tecnologías de la información y la comunicación en la Administración de Justicia.

### | Documentación del acto de juicio

En la nueva redacción del art. 89.1 de la LRJS se establece que el desarrollo de actuaciones orales se documentará conforme a los arts. 146 y 147 de la LEC. Además, señala que la oficina judicial deberá asegurar la correcta incorporación de la grabación al expediente judicial electrónico. En caso de que los sistemas no proveen expediente judicial electrónico el encargado de custodiar el documento electrónico será el letrado de la Administración de Justicia. Las partes podrán pedir, a su costa, copia o en su caso acceso electrónico de las grabaciones originales.

### | Remisión del expediente administrativo

Con la nueva redacción del art. 143 de la LRJS se prevé la posibilidad de que el expediente se remita en forma electrónica, facilitándose la puesta a disposición en los términos previstos en el art. 63 del Real Decreto 203/2021, de 30 de marzo, por el que se aprueba el Reglamento de actuación y funcionamiento del sector público por medios electrónicos.

# ANEXO.
## CASOS PRÁCTICOS

# Caso práctico | La responsabilidad por la reutilización de datos en la Administración de Justicia

## PLANTEAMIENTO

Cuando se reutilizan los datos abiertos publicados en el Portal de datos de la Administración de Justicia, ¿está la persona que los reutiliza sometida a algún tipo de responsabilidad? Y la Administración de Justicia, ¿tiene responsabilidad sobre el uso de los datos que realicen terceros?

## RESPUESTA

Sí, el **agente reutilizador** se halla sometido a la normativa aplicable en materia de reutilización de la información del Sector Público, incluyendo el régimen sancionador previsto en el artículo 11 de la Ley 37/2007, del 16 de noviembre, sobre reutilización de la información del Sector Público.

Este artículo que contiene el régimen sancionador en el ámbito de la reutilización de la información del Sector Público dispone que:

«1. En el ámbito de la Administración General del Estado, se considerarán infracciones muy graves a lo previsto en esta ley:

a) La desnaturalización del sentido de la información para cuya reutilización se haya concedido una licencia;

b) La alteración muy grave del contenido de la información para cuya reutilización se haya concedido una licencia.

2. Se considerarán infracciones graves:

a) La reutilización de documentación sin haber obtenido la correspondiente licencia en los casos en que ésta sea requerida;

b) La reutilización de la información para una finalidad distinta a la que se concedió;

c) La alteración grave del contenido de la información para cuya reutilización se haya concedido una licencia;

d) El incumplimiento grave de otras condiciones impuestas en la correspondiente licencia o en la normativa reguladora aplicable.

3. Se considerarán infracciones leves:

a) La falta de mención de la fecha de la última actualización de la información;

b) La alteración leve del contenido de la información para cuya reutilización se haya concedido una licencia;

c) La ausencia de cita de la fuente de acuerdo con lo previsto en el artículo 8 de esta ley;

d) El incumplimiento leve de otras condiciones impuestas en la correspondiente licencia o en la normativa reguladora aplicable.

4. Por la comisión de las infracciones recogidas en este artículo, se impondrán las siguientes sanciones:

a) Sanción de multa de 50.001 a 100.000 euros por la comisión de infracciones muy graves;

b) Sanción de multa de 10.001 a 50.000 euros por la comisión de infracciones graves;

c) Sanción de multa de 1.000 a 10.000 euros. Por la comisión de infracciones leves.

Por la comisión de infracciones muy graves y graves recogidas, además de las sanciones previstas en las letras a) y b), se podrá sancionar con la prohibición de reutilizar documentos sometidos a licencia durante un periodo de tiempo entre 1 y 5 años y con la revocación de la licencia concedida.

5. Las sanciones se graduarán atendiendo a la naturaleza de la información reutilizada, al volumen de dicha información, a los beneficios obtenidos, al grado de intencionalidad, a los daños y perjuicios causados, en particular a los que se refieren a la protección de datos de carácter personal, a la reincidencia y a cualquier otra circunstancia que sea relevante para determinar el grado de antijuridicidad y de culpabilidad presentes en la concreta actuación infractora.

6. La potestad sancionadora se ejercerá, en todo lo no previsto en la presente ley, de conformidad con lo dispuesto en el Capítulo III de la Ley 40/2015, de 1 de octubre, de Régimen Jurídico del Sector Público. Su ejercicio corresponderá a los órganos competentes que la tengan atribuida por razón de la materia.

7. El régimen sancionador previsto en esta ley se entiende sin perjuicio de la responsabilidad civil o penal en que pudiera incurrirse, que se hará efectiva de acuerdo con las correspondientes normas legales».

Además, también hay que tener en cuenta que el art. 82.3 del mentado Real Decreto-ley 6/2023, de 19 de diciembre, señala que: «El tratamiento ulterior de la información no jurisdiccional de datos abiertos o de reutilización de la información a la que se haya accedido en el ámbito jurisdiccional, deberá cumplir la normativa de protección de datos vigente».

Por su parte, sobre la posible **responsabilidad de la Administración**, en la propia página web del Ministerio (https://sede.mjusticia.gob.es/es/informacion-ayuda/datos-abiertos-ministerio) se recoge expresamente que el Ministerio de Justicia no será responsable del uso que de su información puedan hacer los agentes reutilizadores, ni tampoco de los daños sufridos o pérdidas económicas que, de forma directa o indirecta, produzcan o puedan producir perjuicios económicos, materiales o sobre datos, provocados por el uso de la información reutilizada, llegando incluso a recoger que no asumen responsabilidades por cualquier error u omisión contenido en ellos.

# Caso práctico | ¿Cómo se accede a los documentos de los expedientes judiciales?

## PLANTEAMIENTO

El Real Decreto-ley 6/2023, de 19 de diciembre, recoge dentro del contenido mínimo de la Carpeta Justicia (art. 15), el acceso a los expedientes judiciales en los que el ciudadano pueda resultar interesado. ¿Cómo se realiza el acceso a la documentación que obre en los expedientes judiciales en los que estoy autorizado?

## RESPUESTA

Para encontrar la respuesta a este caso práctico podemos acudir a la página web de la Administración de Justicia, que señala que, a través de la Carpeta Justicia, desde el Visor de Expediente Judicial, se podrá acceder a toda la documentación de los procedimientos judiciales a la que se esté autorizado.

Desde la consulta del estado del expediente se tiene acceso a la lista de los procedimientos judiciales en los que el usuario actúa en calidad de interviniente, y desde ahí podrá acceder al enlace «Acceso Expediente Judicial (Visor)» desde el detalle del expediente judicial concreto cuya documentación se quiere consultar.

Hay que tener en cuenta que a través del «Visor de **Expediente Judicial Horus**» únicamente se podrá acceder a aquellos documentos para los que previamente haya sido autorizado, y solamente para los procedimientos judiciales en los que la documentación esté disponible en el visor.

---

**A TENER EN CUENTA.** El visor del expediente judicial en la actualidad (marzo de 2024) se encuentra disponible en todos los órganos de las Comunidades Autónomas de Castilla la Mancha, Murcia, Castilla y León, Extremadura, La Rioja, las Ciudades Autónomas de Ceuta y Melilla; y el partido judicial de Palma de Mallorca, (salvo los Juzgados de Instancia especializados en materia de familia y los Juzgados de Menores), en los partidos judiciales de Inca y Ciudadella de Menorca, y los Juzgados de Instrucción de Manacor, el Juzgado de lo Penal de Mahón; y los Juzgados de Instrucción, el Juzgado de lo Social, Juzgado de Violencia Sobre la Mujer y los Juzgados de lo Penal de Ibiza; la Sala de lo social de la Audiencia Nacional; así como los partidos judiciales de Langreo, Mieres y Gijón (https://sedejudicial.justicia.es/-/visor-expediente-judicial-electronico).

*Fuente: Web de la Administración de Justicia*

---

# Caso práctico | ¿Cómo pueden realizarse los apoderamientos *apud acta* de manera telemática?

## PLANTEAMIENTO

A través del Real Decreto-ley 6/2023, de 19 de diciembre, se introducen novedades en cuanto a los apoderamientos del procurador. ¿Cómo pueden realizarse ahora los apoderamientos *apud acta* de manera telemática?

## RESPUESTA

El art. 24 de la LEC, recientemente modificado por el Real Decreto-ley 6/2023, de 19 de diciembre, dispone que el poder al procurador podrá conferirse:

– Por comparecencia electrónica, a través de una sede judicial electrónica, en el registro electrónico de apoderamientos *apud acta*.

– Ante notario o por comparecencia personal, sea presencial o por medios electrónicos, ante el letrado de la Administración de Justicia de cualquier oficina judicial. En estos casos se procederá a la inscripción en el Registro Electrónico de Apoderamientos Judiciales.

Tal y como podemos leer en la página web: https://sedejudicial.justicia.es/-/apoderamiento-apud-acta, el ciudadano podrá dar de alta **apoderamientos de manera telemática** desde la Sede Judicial Electrónica, accediendo al enlace «Apoderamientos Apud Acta», desde el «Área ciudadano».

Será necesario introducir los datos del compareciente o su representante, los datos del poderdante, y los datos del apoderado, y el tipo de apoderamiento que se quiere realizar. Si se selecciona la opción de «Para **cualquier actuación judicial**», aparece un desplegable para elegir las facultades, y si a continuación se marca la opción de «Poder general para pleitos», podrán excluirse determinadas facultades.

Al realizar el poder también podrá elegirse en el tipo de poder, la opción de realizarlo **para un procedimiento concreto**, en cuyo caso habrá que rellenar el desplegable en que se introducirán los datos del procedimiento, teniendo nuevamente la opción de excluir alguna facultad del poder, cuando se selecciona dentro de las facultades el «Poder general para pleitos». Por el contrario, si la opción seleccionada es la de poder especial, se podrá incluir alguna facultad.

Otra posibilidad al seleccionar el tipo de poder será realizar un poder «Para **determinadas clases de procedimientos**», en este supuesto habrá que especificar las «Clases del tipo de apoderamiento».

Algunas de las facultades que se podrán excluir en el caso de elegir realizar un poder general para pleitos serían, por ejemplo, asistir a toda clase de actuaciones y diligencias judiciales, cobrar créditos, asistir con voz y voto a la junta de acreedores...

Si por el contrario el poder se hiciese especial, y se quisiesen incluir algunas facultades, podemos poner como ejemplo, el allanamiento, las conciliaciones, interponer querella, desistir...

Otro dato que habrá que introducir será la vigencia del poder, partiendo de que la misma no podrá ser superior a 5 años.

**A TENER EN CUENTA.** Podrán asociarse un máximo de 10 apoderados por apoderamiento *apud acta*.

Una vez que se ha firmado, se recibirá un acuse de recibo, conforme el apoderamiento ha sido dado de alta correctamente, cuyo justificante debería ser descargado por el interesado.

El apartado 3, del art. 24 del Real Decreto-ley 6/2023, de 19 de diciembre, se pronuncia sobre la validez de los apoderamientos inscritos en el Registro Electrónico de Apoderamientos de la Administración General del Estado, en los siguientes términos:

*«Los apoderamientos inscritos en el Registro Electrónico de Apoderamientos de la Administración General del Estado producirán efectos en el procedimiento judicial, siempre que se ajusten a lo previsto en esta Ley y que se cumplan los requisitos técnicos previstos en la Ley que regule los usos de la tecnología en la Administración de Justicia y su desarrollo reglamentario o por normativa técnica».*

# Caso práctico | ¿Cómo se puede verificar la autenticidad de la copia en papel de un documento?

## PLANTEAMIENTO

Una persona recibe una notificación de que ha sido demandada con una documentación adjunta. ¿Cómo puede verificar que los documentos son auténticos?

## RESPUESTA

El art. 40.6 del Real Decreto-ley 6/2023, de 19 de diciembre señala que:

> «Se podrá verificar la autenticidad e integridad de todos los documentos judiciales electrónicos, preferiblemente por medios criptográficos automatizados, siendo válidos también los sistemas basados en Código Seguro de Verificación que permitan comprobar la autenticidad de la copia mediante el acceso a los archivos electrónicos de la oficina judicial emisora. A través de las sedes judiciales electrónicas se harán públicas las direcciones de comprobación de los códigos de tales documentos».

El sistema empleado por el Ministerio de Justicia es el Código Seguro de Verificación el cual constituye un código único que identifica a un documento electrónico en la Administración de Justicia. Todos los documentos electrónicos judiciales tienen un código que permite tanto verificar su autenticidad como su recuperación online.

A este servicio se accede desde la Sede Judicial Electrónica (https://sedejudicial.justicia.es/). Desde la pestaña de servicios se accede a «Código Seguro de Verificación (CSV)». Se debe optar por un método de identificación y acceder al «Área Ciudadanos» donde se seleccionará el apartado «Código Seguro de Verificación». En los recuadros que aparecen se debe introducir el CSV del documento que se pretende verificar su autenticidad, una vez hecho esto aparecerá un enlace con los datos de registro.

# Caso práctico | ¿Qué medio pueden utilizar las personas físicas no profesionales para iniciar un proceso?

## PLANTEAMIENTO

Una persona física que no es profesional pretende iniciar un proceso para el cual no requiere estar representado por procurador ni asistido por abogado. Se cuestiona cuáles son los medios de los que dispone para llevar a cabo este trámite.

## RESPUESTA

Debe tenerse presente que las personas físicas no están obligadas al uso de los medios telemáticos para relacionarse con la Administración de Justicia. Es por ello que dispone de dos vías para dar inicio:

- **Presentación en papel:** en cuyo caso le corresponde a la sección correspondiente del servicio común procesal la digitalización de la documentación.

- **Por medios electrónicos:** en este caso la presentación se realizará por medio de la Sede Judicial Electrónica (https://sedejudicial.justicia.es/).

La presentación por medios electrónicos puede realizarlo la persona física que cuente con DNI electrónico o certificado digital, también es posible a través de Cl@ve Pin y Cl@ve Permanente. Los escritos iniciadores de los que dispone en la Sede Judicial Electrónica son:

- Monitorio (Civil).

- Monitorio (Social).

- Monitorio Comunidad de Propietarios (Civil).

- Acto Conciliación (Civil).

- Juicio Verbal (Civil).

- Materia Concursal (civil).

Para presentar a través de la dirección https://sedejudicial.justicia.es/ una vez se haya identificado en la Sede en la pantalla de «servicios» debe acceder al apartado «Mis Escritos» y pulsar «Nuevo». En este apartado deben rellenarse los diferentes campos: información del escrito, sede a la que se dirige y modelo del proceso concreto. En caso de que quiera adjuntar algún documento se debe pulsar «Añadir» y buscar o arrastrar a la línea punteada el archivo adjunto.

Cuando esté listo se pulsa «Guardar». Una vez se compruebe el borrador del escrito se pulsa en «Confirmar», en ese momento se abrirá la aplicación «autofirm@» y se debe seleccionar el certificado. Cuando se finalice se muestra un mensaje de que se ha presentado de manera correcta el escrito. Es importante tener presente que, si el documento se guarda, pero no se presenta, el borrador únicamente se guarda durante una semana.

Es importante comprobar el acuse de recibo.

---

**A TENER EN CUENTA.** Todos los documentos pueden consultarse en la sección «Mis Escritos».

---

  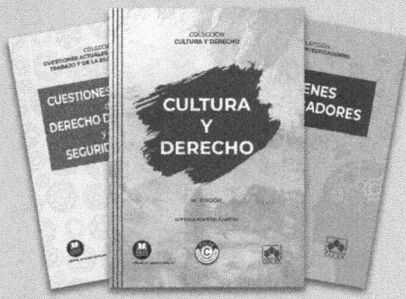